COMO FAZER NETWORKING

Estratégias para Criar Conexões Valiosas e Alcançar Resultados Extraordinários

Livraria Insight

Organizador:
JOÃO ABREU

Autores:
ALBERTO BLOIS, CARLA TAVARES, FELICIANO CLÍMACO, INÊS ROCHA, JOÃO ABREU, LUCY DECCACHE, LUIZ MAURICIO JANELA, MARCELO VIEIRA, MÁRCIO CERBELLA, MAURO WAINSTOCK, RAFAEL PONZI, RAQUEL SPINELLI, SABRINA FEA, SERGIO MONTES

Edição e Coordenação Editorial:
JOÃO ABREU

Capa, Projeto Gráfico e Diagramação:
RODRIGO CAIRO

Revisão:
GABRIELA BAUMAM

Dados Internacionais de Catalogação na Publicação (CIP)
(eDOC BRASIL, Belo Horizonte/MG)

Abreu, João, 1974-.
A162c Como fazer networking: estratégias para criar conexões valiosas e alcançar resultados extraordinários / Organizador João Abreu.
– Rio de Janeiro, RJ: Livraria Insight, 2025.
242 p. : 14 x 21 cm

ISBN 978-65-98444-77-8

1. Empreendedorismo. 2. Networking. 3. Sucesso nos negócios.
I. Título.

CDD 658.4

Elaborado por Maurício Amormino Júnior – CRB6/2422

SUMÁRIO

PREFÁCIO

É com grande satisfação — e posso dizer, com legítima vaidade — que recebi o convite para escrever o prefácio deste livro. Não apenas pelo carinho e reconhecimento dos autores envolvidos, todos profissionais de altíssimo nível, mas especialmente por se tratar de um tema com o qual tenho uma conexão profunda e verdadeira: o *networking*.

Ao longo da minha trajetória profissional, compreendi que poucas ferramentas têm tanto poder transformador quanto o *networking*. Ele não é apenas um meio de relacionamento; é uma ponte estratégica entre mundos, saberes e oportunidades. Sempre acreditei que o sucesso profissional vai muito além da competência técnica ou da dedicação individual. Por mais que esses elementos sejam essenciais, existe um fator igualmente poderoso — e por vezes negligenciado — que pode acelerar resultados, abrir caminhos improváveis e até mesmo redefinir rumos: as conexões humanas.

Minha própria carreira foi moldada, em grande parte, por essa habilidade de estar próximo de pessoas, grupos e ambientes diversos. Desde cedo, entendi o valor de conhecer o "amigo do amigo", de participar ativamente de espaços onde o conhecimento circula com liberdade e a confiança é cultivada com naturalidade. Entendi que, para abrir novas portas, muitas vezes o caminho passa por uma boa conversa, uma indicação generosa ou uma presença constante em lugares estratégicos.

O *networking* bem-feito vai muito além da troca de cartões ou da presença ocasional em eventos. Trata-se de uma construção contínua de relações genuínas. E, no mundo corporativo, esse hábito pode ser um dos maiores diferenciais competitivos. Participar de sindicatos, associações de classe, clubes empresariais ou *hubs* de inovação — mesmo que atuem em segmentos distintos do nosso — é uma forma valiosa de se manter conectado com outras visões de mundo, de entender as dores de mercados que não conhecíamos, de encontrar soluções que talvez nunca surgissem isoladamente.

A diversidade de contatos amplia a nossa lente. Estar em diálogo com pessoas de diferentes formações, culturas e experiências nos convida a sair da nossa bolha — o que considero uma das formas mais efetivas de crescimento profissional e pessoal. Inclusive, a psicologia nos oferece uma explicação clara para isso: o conceito de *neuroplasticidade* mostra que nosso cérebro é capaz de se reorganizar e criar novas conexões sinápticas quando somos expostos a estímulos diferentes. Em outras palavras, treinar a mente para lidar com o novo — com pessoas diferentes, ideias inusitadas, perspectivas desafiadoras — fortalece nossa capacidade cognitiva, emocional e adaptativa.

Na prática, isso significa que ao ampliar nossa rede de contatos, também estamos expandindo nossa mente. Estamos nos tornando mais flexíveis, mais criativos, mais atentos às mudanças que o mercado exige. E, no cenário dinâmico em que vivemos, isso não é apenas desejável — é essencial.

Costumo dizer que o *networking* não deve ser encarado como uma técnica fria, interesseira ou oportunista. Ele é, antes de tudo, uma filosofia de vida. É sobre estar presente, ser generoso, compartilhar conhecimentos e histórias com autenticidade. É sobre dar antes de receber, e confiar que o valor que entregamos ao outro, cedo ou tarde, retorna de formas inesperadas.

Este livro, escrito a várias mãos, é uma verdadeira celebração dessa filosofia. Cada capítulo traz reflexões, estratégias e experiências valiosas sobre o poder das conexões. Os autores, com olhares distintos e complementares, mostram que o *networking* pode — e deve — ser desenvolvido com intencionalidade, ética e propósito. Este não é apenas um manual de boas práticas. É uma inspiração para quem deseja crescer com os outros, e não apesar dos outros.

Sinto-me profundamente honrado por participar desta obra. Mais do que um livro, ela é uma rede viva de ideias, pessoas e experiências. E que prazer é fazer parte disso.

Desejo a você, leitor, que esta leitura seja não apenas informativa, mas transformadora. E que, ao virar a última página, você esteja ainda mais motivado a construir — com autenticidade e estratégia — a sua própria rede de conexões.

Boa leitura!

Ladmir Carvalho

Fundador e Presidente da Alterdata Software

INTRODUÇÃO

Nota do Editor

Este livro é, por si só, uma prova concreta do poder do *networking*. Ele nasceu do meu desejo de ajudar as pessoas a aproveitarem melhor todo o potencial dessa atividade tão importante. Então, acionei a minha própria rede de contatos para formar o time de autores — pessoas que admiro, com quem me conectei ao longo da vida profissional e que toparam contribuir com muito entusiasmo para esta obra.

São profissionais com trajetórias consolidadas, altamente respeitados no ambiente empresarial e com atuação direta e consistente no universo do *networking*. Cada um deles compartilhou aqui não apenas conhecimento, mas experiências vividas — e isso faz toda a diferença. Quero aproveitar para agradecer a esses autores e parceiros que aceitaram o convite para enriquecer este projeto.

Também deixo meu agradecimento especial ao Ladmir Carvalho, fundador de uma das maiores empresas de *software* do Brasil, que gentilmente escreveu o prefácio deste livro. Sua visão estratégica, sua história de empreendedorismo e sua generosidade em compartilhar aprendizados tornam esta obra ainda mais rica e conectada com a realidade de quem empreende e lidera no Brasil.

Ao longo dos capítulos, você vai encontrar ideias, dicas, estratégias, exemplos e reflexões que abordam o *networking* sob diferentes perspectivas: como ferramenta de crescimento profissional e pessoal, como habilidade essencial para empreendedores, como recurso para fortalecer a reputação, como um caminho para trocas autênticas e até como ponte para gerar impacto social. O conteúdo foi pensado para ser útil, direto e aplicável.

Cada autor trouxe sua própria voz, sua vivência, seu olhar único — e isso dá ao livro uma diversidade que enriquece a leitura. Apesar dos estilos diferentes, todos compartilham de um princípio comum: *networking* não é sobre colecionar contatos, é sobre construir relações com propósito.

Você está prestes a começar uma leitura que pode abrir novas possibilidades. Ao longo destas páginas, pode ser que você se reconheça em histórias, encontre ideias para aplicar no seu dia a dia ou descubra novas formas de se relacionar com a sua rede de contatos e com o mundo.

Boa leitura!

E que este livro inspire bons encontros pelo caminho.

João Abreu

Editor

rafaelponzi

Rafael Ponzi Ribeiro

Lembre-se: quem se conecta de verdade, cresce junto. Quem finge, apenas coleciona cartões e acaba ficando pelo caminho.

No fim das contas, o que importa não é quantas pessoas você conhece, mas sim quantas delas confiam em você.

Rafael Ponzi Ribeiro

Presidente do Clube Empreendedor Brasil. Empresário desenvolvedor de projetos. Empreendedor de impacto social e econômico.

CAPÍTULO 1

A IMPORTÂNCIA DO *NETWORKING* PARA O EMPREENDEDOR

O que é *networking* e por que é essencial para empreendedores?

Para falar de *networking* sem ser redundante ou repetitivo, preciso ser, mais do que tudo, sincero e verdadeiro.

Adoro pesquisar a etimologia das palavras. Quando descobrimos de onde vêm e como surgiram, entendemos melhor o porquê de certas coisas existirem. Portanto, vamos à origem do termo "networking".

A palavra "net" vem do inglês e significa "rede", enquanto "work", que também tem origem inglesa, significa "trabalho", "funcionamento" ou "obra". Em um inglês ainda mais antigo, "work" traz a ideia de "fazer", "criar" ou "construir". A junção dessas duas palavras formou o termo "networking", que foi usado pela primeira vez por volta de 1560 para descrever estruturas entrelaçadas, como a rede de pesca. Nada mais simbólico, não é? Com o tempo, ganhou força e, por volta de 1970, com o *boom* do mundo corporativo, ganhou o *shape* de hoje, fazendo referência às conexões sociais e profissionais. Na década de 1980, o termo foi usado ainda para descrever redes de computadores e interações digitais.

Com essa miscelânea de referências e significados, temos hoje a equalização perfeita de tudo isso em um só conceito. O *networking* é praticado socialmente, profissionalmente e, de maneira intensa, no ambiente digital, que não à toa é chamado de Redes Sociais.

Quando surgiram, as redes sociais eram espaços para interações sociais. Você postava algo, seus amigos postavam algo, e vocês interagiam. Hoje, as redes não funcionam mais exatamente assim. Raramente você posta algo (que não seja profissional), e seus amigos, assim como você, também não postam — apenas consomem. Com isso, a interação genuína foi substituída pelo consumo de conteúdo de profissionais que vivem para chamar sua atenção, usando iscas de engajamento e técnicas de quebras de paradigmas.

Com essa nova dinâmica, surge uma subjetividade narcisista em que "existir é ser visto". Você já percebeu isso? Pois é, o problema é que isso transcende as redes, e o *networking* vai se tornando algo frio e sem profundidade. As pessoas querem ser vistas, influenciar, vender, ter sucesso ou simplesmente serem conhecidas ou reconhecidas, perdendo a essência do *networking* verdadeiro.

Networking é sobre se conectar a outras pessoas de forma autêntica. Não sou eu quem diz isso. Dale Carnegie (que eu não poderia deixar de citar neste capítulo) já dizia isso há muito tempo. Ele acreditava que o segredo do sucesso estava na habilidade de se conectar com as pessoas de maneira genuína. Uma frase dele que me marcou e que sempre levo comigo é:

"Você pode conquistar mais amigos em dois meses interessando-se genuinamente por outras pessoas do que em dois anos tentando fazer com que os outros se interessem por você".

Ou seja, o importante do *networking* é se conectar de verdade. E o que seria conectar? Lá vou eu novamente para a etimologia da palavra, com a ajuda do ChatGPT:

- A palavra "conexão" vem do latim *connexio, connexionis*, derivada do verbo "connectere", que significa "ligar junto, unir, entrelaçar". Esse verbo é formado por:

- "con" (prefixo que indica união ou junção);

- "nectere" (verbo que significa "atar, amarrar, entrelaçar").

Portanto, a raiz etimológica de "conexão" remete à ideia de coisas que estão interligadas de forma forte e contínua. Entende? Conectar seria, na origem da palavra, você se interligar a alguém de forma forte e contínua. O problema é que, com o avanço da tecnologia, o termo "conexão" passou a significar apenas a ligação de um a outro, algo rápido, sem muita continuidade e bem superficial. Vejo muitas pessoas dizendo que se conectaram com alguém pelo simples fato de terem conhecido, dado bom-dia ou trocado um cartão. Isso não é uma conexão verdadeira.

Ao longo deste capítulo, vou compartilhar minhas impressões sobre como se conectar de forma verdadeira com outras pessoas. Não que eu saiba mais do que qualquer um que está nessas trincheiras do mundo dos negócios e do *networking*, mas acaba que estou há oito anos criando e recriando uma empresa que junta pessoas para fortalecimento de *networking* e geração de parcerias e novos negócios. É realmente bastante desafiador, porém, eu amo muito todos os detalhes.

Em resumo, posso afirmar que fazer *networking* de verdade é conectar almas. Falo muito isso no meu dia a dia. Por mais brega ou clichê que pareça, foi a forma mais clara que achei para descrever essa atividade.

Os impactos do *networking* no empreendedorismo

Agora que já passamos pela definição, vamos entender por que o *networking* é tão importante. Muitos empreendedores não enxergam essa prática como um benefício para seus negócios. Acham que é perda de tempo e preferem vender diretamente, em vez de criar laços para expandir suas mentes e suas empresas. Respeito essa decisão, mas ainda acredito que quem não faz *networking* (pelo menos de forma consciente) está perdendo boas e ricas oportunidades.

Digo sempre que o empreendedor é um "bicho solitário". Até porque os primeiros a criticarem suas ideias e apostas e se afastarem de você são os amigos e a família. Isso tem até mudado, mas há 20 ou 30 anos era um absurdo se pensar em não bater ponto às 8h e ir para casa às 17h. Certo? Mesmo assim, ainda hoje, quem começa a empreender ouve coisas como:

"Entendo que você tenha esse negócio. Mas você trabalha com o quê?"

"Mas como você ganha dinheiro?"

"Mas você faz isso o dia todo?".

E por aí vai. Concorda?

Esse foi o principal motivo que me levou a criar o Clube Empreendedor Brasil. Juntar empreendedores e ver o brilho nos olhos das pessoas ao ouvirem outras que passaram ou passam pelos mesmos problemas e preconceitos dá a elas um gás novo, renova as esperanças e tira qualquer um do escuro. Aí está o primeiro benefício: não estar só. Passar por essa vida sem poder compartilhar angústias e vitórias é impensável. Fazemos isso com esposas, maridos, pais, filhos e amigos. Mas, muitas das vezes, em relação aos negócios, eles não fazem ideia da dimensão de uma pequena conquista. Além disso, quem tem *networking* forte não passa por "perrengues". Pelo menos não por muito tempo. Empreendedores verdadeiramente conectados se ajudam, dão ideias e não deixam outros caírem nas ciladas que já conhecem.

Importante dizer que a famosa máxima "não deva favor a ninguém" é uma péssima ideia. Digo isso com convicção. Se você nunca pedir ajuda quando precisar ou nunca ficar devendo nada a ninguém, poucos ou ninguém pedirá sua ajuda. E, se for assim, como fazer essa roda girar? Pedir e fazer favores é, muitas vezes, o primeiro passo para construir uma relação de cooperação mútua e de confiança. Mas, claro, cuidado com aproveitadores e pessoas sem noção. Esses, com o tempo, você aprende a identificar e criar suas próprias barreiras.

Nas suas relações ou experiências, procure soluções para problemas ou necessidades que outra pessoa está enfrentando. Ter quem indicar para outro empreendedor pode ajudar você a se conectar ainda mais com outras pessoas. Isso vem de um *networking* bem estruturado. Conectar pessoas é algo que me deixa muito feliz. Ver que elas se deram bem e fizeram sucesso juntas é melhor ainda. Como fazer tudo isso se você não se abrir e não estiver disposto a se conectar?

Não se engane, ainda é mais importante o número de pessoas que têm seu celular na agenda delas do que os celulares que você tem na sua agenda. Isso é um fato.

Networking na prática: exemplos práticos e ferramentas para construir uma rede sólida

E como construir uma rede sólida? Como começar?

Bom, não é segredo que, desde que nascemos, fazemos conexões, certo? Mas não podemos esquecer que conexões muito antigas e pessoais geralmente são as que mais nos rotulam. É mais fácil fazer de um cliente um amigo do que de um amigo um cliente. Isso é uma verdade dura e triste, mas uma das mais verdadeiras para os empreendedores de hoje. Não só pelo rótulo, mas por um dos maiores problemas dos seres humanos: o EGO.

Se você ainda não construiu sua rede de *networking* profissional, não se preocupe: há muitos caminhos para isso. Mas entenda que seus contatos não são necessariamente seus amigos. É claro que uma conexão de negócios pode se transformar em amizade. Mas, amigo é amigo, colega de trabalho é colega, e contato é contato. Por favor! Erro básico de pessoas emocionadas e desesperadas por carinho. Seja profissional e, caso se emocione demais, procure rapidamente um psicólogo.

Quando se começa do zero, um bom caminho é entrar em grupos — não necessariamente um grupo de *networking*. Na verdade, o ideal é se relacionar da forma mais natural possível. Grupos de *networking* costumam ser o segundo passo. Há milênios, o ser humano se organiza em grupos. Não entrarei profundamente nessa questão, pois teria que ser uma coletânea de livros para dar somente uma pincelada. Posso resumir dizendo que grupos são, em sua maioria, organizados para trazer um sentimento de pertencimento e criar sistemas organizados de defesa e relações próximas entre seus membros. Esses grupos podem ser religiosos, sociais, profissionais, políticos ou de qualquer outra vertente que agregue um ser humano a outro. Isso acontece e continuará acontecendo enquanto a humanidade existir.

Você pode começar entrando em grupos diversos, até mesmo nos temidos grupos de WhatsApp de condomínio. Participe de cursos presenciais (priorize sempre o presencial, pois o olho no olho e os apertos de mão fazem toda a diferença), reuniões de bairro, academia ou encontros de ex-alunos. Conecte-se e reconecte-se. Lance sua rede de pesca, mas selecione bem suas conexões. Depois, saia dos grupos que não agregam, refinando sua rede. Assim, você terá uma rede de contatos, mesmo que pequena, mas será autêntica e valiosa. E não se esqueça: não seja interesseiro, seja interessante, e aja de coração aberto.

Eu, vira e mexe, faço novas conexões e entro em novos ambientes para conhecer pessoas, é uma coisa que gosto. Aliás, se você não gosta de pessoas, não adianta nada ler este livro. Falaremos de pessoas o tempo todo. Mas cuidado. Antes de desistir, pense se você realmente não gosta de pessoas. Difícil alguém não gostar; somos seres de bando, está no nosso DNA. Se você acha que não gosta de pessoas, provavelmente ainda não encontrou as pessoas certas ou não se permitiu gostar. Entendido? Então, continuemos.

Com sua rede formada, você pode buscar um grupo de *networking*.

Sendo desse "ramo", vamos dizer assim, fico atento a grupos, entidades e empresas que buscam entregar os mesmos resultados que eu: conectar pessoas. No entanto, poucos grupos sobrevivem. Os que resistem são incríveis e muitos ainda quero conhecer. Já vi a maioria surgir, crescer rapidamente e desaparecer sem deixar rastro. E isso acontece porque poucos entendem o real significado de *networking*. Muitas vezes, esses grupos são criados por pessoas em busca de reconhecimento a qualquer custo, tentando se promover, ou querendo ganhar dinheiro fácil (o que é uma doce ilusão; criar um ambiente real de *networking* está sendo uma das tarefas mais difíceis que já enfrentei na vida).

E quando surgem pessoas genuínas ou grupos bacanas envolvidos nesse negócio, o problema são os empreendedores que acabam entrando no ecossistema. Como barrar os mercenários e exploradores? Como afastar os mentirosos e aproveitadores? Bom, para discorrer sobre isso, precisaria de todo um novo capítulo, ou um livro inteiro. Quem sabe em uma próxima oportunidade? Mas vamos ao que interessa:

Qual grupo escolher? Tudo depende do seu perfil.

Existem grupos superorganizados e com metas rígidas, do tipo que, se você faltar ou não apresentar alguém para um colega, é desligado. Esses grupos geralmente têm um valor mais alto de investimento e são voltados para resultados de conexão a todo custo. Se você tem urgência em vender e tempo para se dedicar, esse é o seu lugar. Muitos amam esses grupos e, em boa parte das vezes, geram resultados. Não é meu perfil. Como tenho dito durante todo o capítulo, a conexão precisa ser real, uma conexão de almas, lembra? Essa é a minha opinião, mas confesso que a maioria dos grandes *networkers* que conheço vem desses grupos. Mas, por incrível que pareça, os piores também. Já conversei com muitos que, até hoje, não sei o que fazem, mas sei que são desses grupos.

E aproveito para deixar um alerta: cuidado para não se apaixonar tanto por *networking* e esquecer de empreender. *Networking* não pode tomar mais tempo do que seu negócio, ou vira somente uma pirâmide de pessoas. Tudo na vida precisa ter equilíbrio, e *networking* pode virar vício. Então, cuidado: foco no seu objetivo.

Existem também os grupos de *networking* mais sociais, em casas de pessoas ou restaurantes. Esses são bem interessantes, geralmente divulgados por boca a boca e passam a impressão de serem mais restritos. Eles têm menos diversidade de perfis, sendo geolocalizados ou voltados para um grupo específico. Se encontrar um desses que combine com seu perfil, mergulhe de cabeça, pois são muito bons. Só tenha cuidado porque, como esses fizeram sucesso, tem muita gente tentando copiar e fazendo absurdos.

Existem ainda os grupos de *networking* embalados como cursos. Esses costumam ser os mais caros e exigem um alto investimento. É para quem quer muito se conectar com quem tem grana. Se estiver disposto e quiser muito, minha dica é: vá para aprender e busque pessoas com quem você possa ter algo em comum.

Dedique mais tempo a menos pessoas e poderá ter belas surpresas. No entanto, esses grupos geralmente estão cheios de "caçadores". Seja criterioso e evite esse perfil a qualquer custo.

E, finalmente, existem os grupos de *networking* como o Clube Empreendedor Brasil. Não exatamente iguais, mas com características semelhantes. No caso do Clube, sempre digo: entregamos as ferramentas, realizamos eventos, disponibilizamos locais e geramos muitas oportunidades. Andamos 50% do caminho; o restante você que anda.

No Clube não existe obrigatoriedade de nada: você se inscreve e participa. Entra em grupo de conversa, acessa o *site* e frequenta os diversos encontros que organizamos (temos quatro por mês). Mas, se não for e não participar, não adianta. Tem gente que entra achando que as conexões vão cair do céu, mas isso não existe. Algumas pessoas pagam, não participam de nada e nem se pronunciam em fóruns, e depois querem fazer negócios. Brinco dizendo que esses fazem "*networking* secreto". Nunca vi dar certo.

Os caçadores que aparecem geralmente ficam pouquíssimo tempo. Como o ambiente é natural, esses ficam perdidos e não conseguem presas fáceis. E nós, da equipe, percebemos rapidamente quem só quer sugar. Esse tipo se entrega rápido.

Mas, além de caçadores e mercenários, existem outros tipos de empreendedores em todos esses grupos — inclusive no Clube —, que também acabam prejudicando conexões e nos fazem perder tempo. Todos sabemos que tempo é muito valioso, e não podemos nos dar ao luxo de gastá-lo com pessoas que não agregam nada e só nos atrapalham.

Já vi coisas que muitos que estão lendo este livro duvidariam. Eu mesmo, vendo e ouvindo, duvidei dos meus olhos e ouvidos. Por isso, vou compartilhar algumas dicas aqui.

Dicas essenciais: estratégias para melhorar o *networking* pessoal e profissional

A partir de tudo que conversamos até agora, vamos a algumas dicas do dia a dia que considero fundamentais para se fazer um bom *networking*, sem cometer erros que considero graves. Vamos a elas:

1. Não seja um "name dropper".

Ou seja, não saia por aí falando os nomes de "famosinhos" que você conhece para mostrar seu valor. Um ou outro nome, se tiver a ver com a conversa, tudo bem. Mas sair jogando nomes não vai te tornar mais importante ou respeitado. Pelo contrário, "*name droppers*" geralmente se queimam por se mostrarem inseguros de quem são de verdade.

2. Seja quem você é.

Já falei sobre isso, mas não custa reforçar: seja verdadeiro. Não tente ser outra pessoa só para agradar alguém. Se fingir ser o que não é, a máscara acabará caindo em algum momento, e isso será ainda pior. Se estiver tentando se tornar alguém que ainda não é, aja de forma condizente com quem quer ser, mas não minta sobre números ou sua realidade. A mentira que você conta para se tornar verdade só te invalida.

3. Não force a barra.

Não tente fazer de um conhecido o seu melhor amigo da noite para o dia. Se gosta de uma pessoa e a admira, diga que a conhece e que gosta muito dela, mas não saia por aí dizendo para outras pessoas que ela é sua amiga. Isso pode soar falso e, se chegar aos ouvidos dessa pessoa e ela não gostar, pode negar sua amizade e assim a emenda ficar pior que o soneto.

4. Não atropele seu networker.

Você não precisa ficar refém de quem te apresentou alguém, mas também não atropele essa pessoa. Não tente se aproximar mais da pessoa apresentada do que aquele que fez a apresentação. Respeite a relação inicial e convide quem te apresentou para participar dos primeiros encontros. Isso mostra respeito e gratidão — duas palavras essenciais para o sucesso.

5. Cuidado com planos mirabolantes.

Não saia por aí contando em reuniões seus planos de longo prazo que são difíceis de alcançar. Vá aos poucos. Ninguém se aproxima de malucos, mesmo que todos nós sejamos um pouco. Elon Musk, por exemplo, parou de falar que queria levar o homem a Marte (mesmo querendo) até poder mostrar que era capaz. Ele foi passo a passo, até chegar a um ponto em que as pessoas entenderam que ele poderia fazer isso. Se você contar ideias loucas de cara não terá tanto apoio e não conseguirá concretizá-las. Será apenas um louco. Mas, se for aos poucos, conseguirá apoio em cada etapa e, assim, poderá realizar seu sonho, se tornando, quem sabe, um gênio.

6. Não venda sua alma.

Não entre em uma turminha que não compartilha dos seus valores só porque parece ser um bom *networking*. Muita gente deixa de lado valores e crenças positivas para se juntar a grupos de pessoas "bem-sucedidas". Fazendo isso, você só vai se desviar do seu propósito e caminhar em uma direção que pode te afastar da sua missão. Ser falso não é fazer *networking*.

7. Escute de verdade.

Reforçando: escutar faz parte do aprendizado. Sempre. Podemos acrescentar a isso a empatia, ou seja, se colocar no lugar do outro ao ouvi-lo. Em um mundo tão corrido, onde poucos realmente prestam atenção no outro, se você for um bom ouvinte, vai se destacar. Com isso, não só aprenderá bastante, mas também terá a admiração e o respeito das pessoas com quem interage. E, quando chegar a sua vez de falar, é mais provável que te ouçam com atenção.

8. Afaste-se de pessoas tóxicas.

Em todo lugar existem pessoas tóxicas, que só sentem inveja e falam mal dos outros. Se essa pessoa for fundamental para algum projeto seu, dê um jeito de se afastar dela o máximo possível.

Pessoas assim geralmente não mudam, a menos que não sejam realmente assim e estejam apenas passando por uma fase difícil. Caso contrário, elas só vão te puxar para baixo.

9. Não se apresse e nem atropele o processo, mas seja direto quando chegar a hora.

Se você acabou de conhecer uma pessoa e tem interesse em algo que ela faz ou tem, talvez o primeiro encontro não seja o momento ideal para ser direto. Mas, quando chegar a hora, seja claro e honesto e diga de forma direta o que precisa e como essa pessoa pode te ajudar. Se ela não puder ou não quiser, não adianta enrolar ou ser evasivo.

10. Não pareça ter uma agenda oculta.

Tem gente que acha que parecer ter algo importante e misterioso a torna mais interessante. Ao contrário, eu me afasto daquelas pessoas que parecem ter agendas ocultas. Se alguém se aproxima de mim e eu não sei o porquê, geralmente caio fora. Pode ser por diversão, afinidade ou interesse, mas deixe claro quais são suas intenções ou ideias ao tentar estabelecer uma conexão. Não saber o que a pessoa quer não faz dela interessante ou misteriosa, faz dela perigosa, perdida ou falsa.

11. Não seja prolixo.

As pessoas têm cada vez menos tempo para interações, isso é uma verdade dos novos tempos. Ser prolixo, ou seja, falar sem parar, sem um objetivo claro ou se perdendo no próprio discurso, só fará você perder a atenção e o interesse dos outros. Se estão te dando uma chance para te ouvir e você se alonga demais, torna a comunicação cansativa. Pessoas não gostam de pessoas cansativas. Seja assertivo em suas reuniões e conversas. Seja direto e interessante. Tenha um objetivo e chegue a ele antes que percam o interesse em você.

Fazer *networking* não é sobre vender, aparecer ou simplesmente colecionar contatos. É sobre construir relações verdadeiras, baseadas em confiança, respeito e troca genuína. Uma conexão de almas, como mencionei lá no início deste capítulo. É exatamente isso que movimenta negócios, abre portas e sustenta parcerias duradouras.

Se você chegou até aqui esperando encontrar fórmulas mágicas, talvez tenha se decepcionado. Mas se entendeu que *networking* exige presença, escuta, autenticidade e, acima de tudo, atitude, já está muito à frente da maioria.

Lembre-se: quem se conecta de verdade, cresce junto. Quem finge, apenas coleciona cartões e acaba ficando pelo caminho.

No fim das contas, o que importa não é quantas pessoas você conhece, mas sim quantas delas confiam em você.

SOBRE O AUTOR

Rafael Ponzi Ribeiro

Empreendedor de impacto social e econômico, é publicitário formado pela PUC-Rio e pós-graduado em Administração de Empresas pela FGV, com MBA em Gestão de Projetos também pela FGV. Possui formação em técnicas de negociação pela Universidade de Harvard, em Boston.

É empresário do setor de empreendedorismo, diretor-presidente do Clube Empreendedor Brasil e sócio-fundador da startup Enterp Mobile. Atua também como diretor executivo do Banco Acredita de Microcrédito.

Desde 2005, é professor voluntário na área de empreendedorismo e participa ativamente do ecossistema empreendedor da cidade do Rio de Janeiro. Também atua como mentor e professor em entidades nacionais voltadas ao tema.

Na esfera pública, foi vice-presidente da Agência de Fomento do Município do Rio de Janeiro e assessor especial de inovação da Prefeitura do Rio.

Em 2021, foi reconhecido com o Prêmio Atitude Sustentável pelo projeto de empreendedorismo sustentável do Clube Empreendedor Brasil. Em 2023, recebeu o Prêmio Visão Consciente da Fecomércio RJ pelo projeto do Banco Acredita.

feliz100

Feliciano Clímaco

feliz100

O Networking *Profissional, com sua metodologia e sistemas, se enquadra como parte integrante de qualquer Planejamento Estratégico Empresarial, não devendo ser tratado informalmente, como se fossem apenas eventos aleatórios que, por obra do acaso, possam gerar negócios.*

Feliciano Climäco

Empresário e *networker*. CEO da Rede Kai Rio, Fluxomed FM e Grupo DAL.

CAPÍTULO 2

NETWORKING COMO FERRAMENTA ESTRATÉGICA DE NEGÓCIO

O mundo dos negócios é marcado por uma concorrência intensa entre empresas, todas disputando espaço e buscando um lugar fixo no coração dos consumidores. Esse ambiente competitivo, muitas vezes chamado de "Oceano Vermelho", representa a batalha constante por clientes e a tentativa de separar as pessoas do seu dinheiro.Essa é a visão de um mercado onde empresas de mesma atividade, ou não, estão sempre atentas a oferecer seus produtos e serviços que podem concorrer diretamente ou, às vezes, de forma sutilmente indireta, como, por exemplo, o mercado de educação com o de turismo. Sério? Sim, pense que muitas vezes é preciso economizar naquela tão sonhada viagem para o exterior para custear uma boa faculdade para você ou seus amados filhos. Concorrem ainda por espaço de fala, de imagem, de ideias.

Mas existe outra forma de sobreviver neste mundo corporativo, uma alternativa à competição predatória: enxergar os negócios como a vida. Pensar que, da mesma forma que levamos nossa vida social — nos relacionando, criando amizades e vínculos positivos —, podemos agir no nosso dia a dia nos negócios.

É sobre isso que falamos quando tratamos de *networking*, tema central deste livro. *Networking*, traduzido literalmente, significa "trabalhar a rede" — sua rede de relacionamentos. Relacionar-se é algo natural para o ser humano. Desde nossa concepção, vivemos nosso primeiro grande relacionamento: o laço com a mãe, que nos alimenta, protege e cuida de nós. Esse é o exemplo máximo de *networking*: **focar no sucesso e bem-estar do outro!**

Um bom *networking* coloca o foco no outro, mas sem negligenciar suas próprias metas e objetivos. Como sugere Adam Grant, em seu livro "Dar e receber: uma abordagem revolucionária sobre sucesso, generosidade e influência", a melhor forma de conduzir relacionamentos é adotar uma postura "ALTERISTA" — um equilíbrio entre cuidar de si e do outro.

Quando estamos focados somente nos nossos objetivos e esquecemos os outros, temos a postura EGOÍSTA. Se, por outro lado, focamos somente na ajuda aos outros esquecendo os nossos anseios e metas pessoais, nos portamos de forma ALTRUÍSTA, que apesar de ser muito bem-vista, pode nos levar a perdas pessoais, pela falta de foco nas nossas próprias necessidades.

Aqueles que *não estão nem aí* nem para si nem para ninguém são os APÁTICOS, que não produzem, não ajudam, não fazem nada de útil no mundo — e podem estar passando por problemas pessoais. Merecem ajuda.

Por fim, a postura de ganhar ajudando, onde temos foco na ajuda ao outro, sem nos esquecermos do que é nosso. Esses são os ALTERISTAS. Essa é a postura de um verdadeiro *Networker* Profissional. A ideia de colaborar para que os outros prosperem deve sempre permear o dia a dia de um *Networker* Profissional.

Mas falei de postura. E a prática? Para ser um *Networker* Profissional é necessário ter um método. O que torna **profissional** a prática do *networking* é agregar uma metodologia onde seja possível rodar o ciclo PDCA.

O Ciclo PDCA (***Plan*** (Planejar) -> ***Do*** (Executar) -> ***Check*** (Verificar) -> ***Act*** (Agir)) é uma ferramenta metodológica de gestão que permite o aprimoramento contínuo de todo e qualquer processo na rotina empresarial (e até pessoal). É chamado de "ciclo" porque funciona de forma contínua e interativa. Ao término da execução das ações, é necessário planejar o próximo ciclo, garantindo a evolução constante do processo de melhoria.

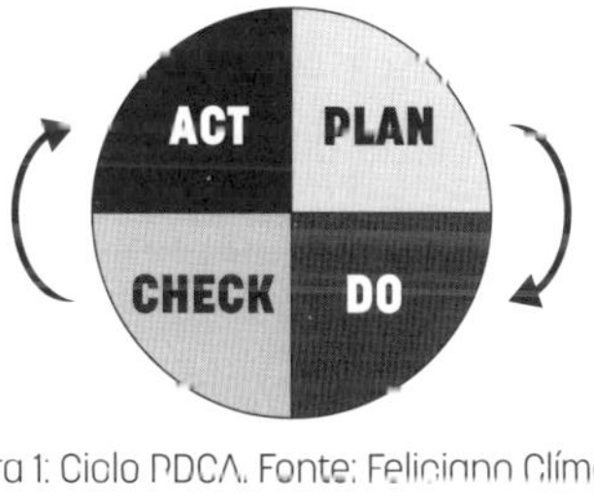

Figura 1: Ciclo PDCA. Fonte: Feliciano Clímaco

Para começar, é preciso **Planejar**. Iniciamos, então, pela identificação do que precisamos melhorar ou resolver, descobrindo onde e por quê. Por fim, essa fase de planejamento deve resultar em um **Plano de Ação** com metas, tarefas e responsabilidades bem definidas. E lá vão mais siglas interessantes, como o **5W2H** — que responde às perguntas: ***What*** (O quê?), ***Why*** (Por quê?), ***Where*** (Onde?), ***Who*** (Quem?), ***When*** (Quando?), ***How*** (Como?), ***How much*** (Quanto?).

A seguir, um exemplo de uma planilha auxiliar para o planejamento usando a metodologia 5W2H (essa planilha ilustra, hipoteticamente, o planejamento para o lançamento de um grupo de *Networking* Profissional):

PLANEJAMENTO						
What (O que?)	**Why (Porquê?)**	**Where (Onde?)**	**Who (Quem?)**	**When (Quando?)**	**How (Como?)**	**How much (Quanto?)**
Fazer o Planejamento	Para acompanhar a formação do grupo.	Online/ Presencial	Responsável do Grupo com Gestor	10/mai	Elaborar Documento e Cronograma	Zero
Estabelecer Metas	"Definir metas é o primeiro passo para transformar o invisível em visível" - Tony Robbins	Online	Responsável do Grupo com Gestor	15/mai	Definir metas usando metodologia S.M.A.R.T.	Zero
Esolher local dos Encontros	Espaço para divulgação e realização dos Encontros - Sede do grupo	Presencial, visitas específicas aos locais	Responsável do Grupo	15/mai	Pesquisa Google e visitas presenciais	Meta: 1.000,00
Escolher o Coffee Break	Negociar um bom custo benefício com compromisso de longo prazo	Local Escolhido	Responsável do Grupo	15/mai	Pesquisa Google e indicações	Meta: 40,00 por pessoa
Reunião inicial com Interessados	Formar o nucleo do grupo	Local Escolhido	Todo Grupo	30/mai	Seguir a Metodologia para o encontro	Espaço + Coffee Break

Figura 2: Modelo de Plano de Ação. Fonte: Feliciano Clímaco.

Para a definição de metas, podemos usar outra metodologia clássica: o modelo **S.M.A.R.T.** — um acrônimo de termos, em inglês, que forma a palavra que podemos traduzir como "inteligente", "esperta". As metas SMART devem ser: Específicas (***S**pecific*), Mensuráveis (***M**easurable*), Atingíveis (***A**ttainable*), Relevantes (***R**elevant*) e Temporais (***T**ime-based*). Lembre-se de cada um desses atributos na hora do seu planejamento.

Esses métodos podem ser usados de uma forma geral, seja qual for a abrangência dentro de uma estrutura empresarial (ou pessoal). O detalhamento dessas metodologias é alvo de extensa literatura, a qual recomendo consultar para um maior aprofundamento. Aqui, vamos nos ater ao uso delas dentro do contexto do *networking*.

Seguindo nosso ciclo, precisamos **Executar** nosso planejamento. Essa é a etapa mais importante do processo e precisa ser vista com um olhar atento. Ao executar um planejamento, precisamos obter o máximo de informações possível sobre as ações realizadas e os resultados obtidos. Todas as variáveis possíveis devem ser observadas e anotadas, a fim de subsidiar a próxima etapa do nosso ciclo. Não se atenha somente ao que deu certo: erros e acertos são parte do processo de aprendizado e melhoria, trazendo sempre informações valiosas, desde que registradas adequadamente.

Na etapa seguinte, de **Verificação**, comparamos o que foi planejado na primeira etapa (planejar) com os resultados obtidos na segunda (executar). Essa etapa de verificação não precisa necessariamente aguardar o término da fase anterior, pois ao longo do Plano de Ação já podemos, eventualmente, checar as ações e resultados, realizando pequenos ajustes de percurso quando necessário para garantir uma melhor eficácia.

Ao concluir essa fase, devemos efetivamente comparar a situação final com a anterior, bem como o atingimento das metas planejadas.

Por fim, partimos para a etapa das **Ações**. Os processos e práticas que possibilitaram o alcance dos objetivos, conforme o planejamento, devem ser adotados como padrão. Devem ainda ser definidas as melhorias identificadas como necessárias para alcançar as metas não realizadas. Em ambos os casos, é muito importante que seja feita uma reflexão sobre os dados e garantir que todos os envolvidos recebam as informações de forma clara, com *feedback* objetivo.

Como estamos falando de melhoria contínua, após as devidas análises, devemos já definir o nosso novo ciclo, que pode ocorrer logo ao término desse primeiro giro do PDCA ou em um prazo definido dentro do processo.

Citamos diversas ferramentas que não têm relação exclusiva com *Networking*, mas sim com o Planejamento Estratégico de qualquer empresa. Porém, é exatamente aí que devemos trabalhar quando queremos fazer do *Networking* uma Ferramenta Estratégica.

Dentro de uma organização, devemos nos planejar para o sucesso do nível macro até o mais básico, operacional. Vertical e horizontalmente. Dentro desse contexto, precisamos pensar, dentre outras coisas, nas nossas estratégias comerciais. Não pense que a sua "EUpresa" (pequenas empresas, sem funcionários ou sócios) não precisa pensar nisso. Precisa! Com uma mentalidade de Prosperidade e Abundância, qualquer empresa, para ter sucesso, deve se planejar sabendo que o que ela é hoje é somente o início de um processo de progresso pessoal, empresarial e de contribuição para um mundo melhor. Evoluir a cada dia.

O *networking*, dentro desse contexto, é parte essencial desse sucesso. Por isso mesmo, não deve ser tratado de forma, digamos assim, orgânica — e sim de maneira intencional, ou melhor dizendo, estratégica.

Vamos fazer um paralelo com uma ferramenta usada pela grande maioria das empresas: o *Marketing* Digital. Para entrar no mundo digital, geralmente começamos criando um perfil em uma rede social, uma página ou um *site*, por exemplo. Pode até ser que algum cliente te encontre simplesmente por essa ação que você tomou. Do mesmo modo, fazer *networking* também pode ser simplesmente participar de eventos sociais e/ou profissionais, encontrando pessoas, fazendo conexões rápidas, conversando, trocando ideias e se divertindo. Dessa convivência, até podem acontecer conexões interessantes e importantes para sua vida. Foi assim que conheci minha esposa, por exemplo.

Seguindo um nível acima, se você continuamente atualizar seus espaços virtuais, colocando informações relevantes e tomando outras ações que possam atrair audiência, a chance de captar mais clientes aumenta. Da mesma forma, intencionalmente, se você começa a selecionar eventos nos quais possa encontrar pessoas para gerar conexões relevantes, se faz um planejamento mínimo e se prepara para impactar positivamente, suas possibilidades de construir relações significativas também aumentarão.

Por fim, se você utilizar mais estratégias de *marketing* digital (*e-mail marketing*, SEO, tráfego pago, *remarketing*, *social selling*, inteligência artificial, entre outras), certamente terá mais resultados. Do mesmo modo, se você se utilizar de estratégias para profissionalizar o seu *networking*, os resultados serão mais relevantes.

Mas o que vem a ser *Networking* Profissional? Por definição, é praticar o *networking* de forma intencional, com o uso de métodos e sistemas de apoio ao desenvolvimento das relações e os frutos das mesmas: indicações, negócios, parcerias.

Para uma boa prática do *Networking* Profissional, temos que trabalhar sob a visão ALTERISTA, ou seja, focar na ajuda ao outro, sem se esquecer de si mesmo. O primeiro passo para isso é construir **Relações de Confiança**.

Digo construir, porque relacionamentos sinceros e reais sempre devem ser construídos. Por mais conexão que exista entre duas pessoas ou dois negócios em uma primeira visão, em um primeiro momento, é necessário afinar detalhes que tornem os relacionamentos realmente significativos. E uma das questões mais relevantes é dedicar tempo de qualidade para o relacionamento.

A frequência do contato é importante também, porém a qualidade precisa permear esses momentos.

"Tempo de qualidade" significa ter escuta ativa, ser sempre interessado e interessante sem ser interesseiro, trabalhar a curiosidade de forma positiva, estar sempre disposto a ajudar, enfim, ser empático, entre diversas outras boas qualidades que sustentam um bom relacionamento.

Bom, mas apesar de tudo começar com os relacionamentos individuais, *networking* se faz em grupos — em redes, como o próprio nome diz. Então, é hora de formar um time. E a forma correta de montar um time de *networking* é identificando afinidades, que podem ser as mais diversas possíveis.

Pode até parecer contraditório falar em afinidade e diversidade na mesma frase, porém o caminho é encontrar afinidades dentro das diversidades. É preciso ter um grupo diverso, porque essa diversidade é extremamente positiva para que se criem novas conexões, em especial fora do seu círculo de contatos, trazendo novas perspectivas e te ajudando a sair da chamada **Solidão Empresarial** (mas isso é papo para outro capítulo).

Dentro desse ambiente diverso, você precisa se conectar com os outros membros do seu time, e essa conexão se dá pelas afinidades. Basicamente, afinidade aqui significa ter parceiros e clientes em comum, ou com potencial de serem. Desse modo, cada um do time pode ajudar os demais a criar novas conexões e alcançar novos mercados e clientes.

Temos então um time! Agora é preciso centrar forças em fazer esse time crescer — seja em conexões, seja diretamente em negócios, por meio de indicações de qualidade. Isso deve ser feito de maneira INTENCIONAL, entendendo que o crescimento do time refletirá diretamente na sua ascensão. "Intencionalidade" e "foco", são essas as palavras que impulsionam o crescimento.

Porém, como bem definiu W. E. Deming[1]: *"O que não pode ser medido, não pode ser gerenciado"*. Desse modo, de forma estratégica, é necessário também registrar, estabelecer metas e acompanhar todo o processo de desenvolvimento dessas conexões e negócios. Em outras palavras, fazer o **PDCA**.

E tem mais: é necessário cuidar da **Retenção**. Manter os relacionamentos é essencial para fortalecê-los a médio e longo prazo. O próprio fortalecimento de um "núcleo de confiança" favorecerá o estabelecimento de novas conexões, que também são necessárias para o desenvolvimento de novos negócios e oportunidades.

Como fechamento, entendemos que o *Networking* Profissional, com sua metodologia e sistemas, se enquadra como parte integrante de qualquer Planejamento Estratégico Empresarial, não devendo ser tratado informalmente, como se fossem apenas eventos aleatórios que, por obra do acaso, possam gerar negócios.

---

1 W. Edwards Deming (1900–1993) – Estatístico, professor, autor e consultor norte-americano, considerado um dos principais responsáveis pela revolução da qualidade no Japão após a Segunda Guerra Mundial. Criador do ciclo PDCA e defensor da ideia de que a melhoria contínua dos processos depende de métricas, planejamento e gestão eficaz.

A intencionalidade na execução de um plano de ação bem definido, alinhado com o Planejamento Estratégico, gera resultados mais consistentes, que tendem a se consolidar a longo prazo, dentro de uma linha de previsibilidade.

Procure já uma rede confiável, que te acolha e ajude você a desenvolver as habilidades necessárias para um *Networking* Profissional e de qualidade. Espero você por lá.

SOBRE O AUTOR

Feliciano Climäco

Engenheiro Civil (UFRJ), pós-graduado em TI e Inteligência Artificial. Atuou como petroleiro por 10 anos e é precursor da tecnologia de Gerenciamento Eletrônico de Documentos (GED) no Brasil. Empresário há 33 anos. *Networker* — atua como empreendedor na área de *networking*. Foi diretor da maior organização de *networking* profissional do mundo, sendo responsável pelo lançamento, crescimento e *performance* de diversos grupos. Atualmente, é CEO do Grupo DAL — soluções em digitalização e certificados digitais, da Fluxomed FM — saúde e segurança do trabalho, e da Rede Kai Rio — rede de empresários que prima pelo acolhimento e pelo *networking* com propósito.

marcelopvieira77

marcelopvieira

www.aramvflex.com.br

O networking *sem intencionalidade pode resultar em conexões superficiais ou até mesmo em relações que não trazem benefícios a longo prazo.*

Marcelo Vieira

Diretor Consultor do BNI Alegria, do BNI Respeito e do BNI Winners, Conselheiro Consultivo da ABMEN (Associação Brasileira dos Mentores de Negócios), Membro do Conselho Diretor do Rotary Club RJ Guanabara Galeão, Embaixador para o Rio de Janeiro da Global Education Leaders, Empresário Serial, Investidor e *Advisor* de *Startups*.

CAPÍTULO 3

NETWORKING RELACIONAL X *NETWORKING* TRANSACIONAL E A IMPORTÂNCIA DA INTENCIONALIDADE

Antes de mais nada, já que vamos tratar de relações e transações, preciso me apresentar minimamente. Meu nome é Marcelo Vieira e, por ora, vou me colocar apenas como um apaixonado por gente. Parece pouco — especialmente se você, que está lendo este texto agora, estava esperando a apresentação do meu currículo profissional, com minhas graduações, certificações, casos de sucesso, portfólio de clientes e coisas desse tipo.

Por isso, quero mostrar a diferença entre alguns conceitos que parecem similares, mas têm objetivos diferentes e, que, muitas vezes, usamos de forma equivocada, sem perceber.

Se eu apresentasse a você meu currículo, o que eu estaria buscando era ganhar autoridade, e não criar com você uma conexão, um vínculo. De repente, eu até conseguiria o efeito contrário, pois poderia, mesmo sem querer, parecer soberbo, arrogante, pedante. Agora, quando me coloco como um Apaixonado por Gente (e aqui escrevo propositalmente com letras maiúsculas no início da palavra, para dar nome à minha especialidade), quero mostrar o quanto estou preocupado com o outro, com você, que interage comigo.

Minha intenção com essa abordagem é criar *rapport* com quem interajo. *Rapport* é um termo em francês derivado de *"rapporter"*, que significa "trazer de volta" ou "criar uma relação". É importante, seja para suas relações profissionais ou pessoais. No contexto de *marketing* e vendas, *rapport* é uma técnica que os profissionais dessas áreas usam para criar afinidade com os *leads*, *prospects* e, até mesmo, com clientes, a fim de estabelecer um clima de confiança.

Então, a partir dessa lógica de conceituação e diferenciação, vamos juntos explorar conceitos importantes para nosso entendimento sobre *networking*, suas variações, algumas expressões cunhadas — incluindo alguns neologismos — e, principalmente, sua importância no dia a dia das pessoas e das organizações a que pertencem.

O conceito de *networking* é um dos pilares para o sucesso, tanto no ambiente profissional quanto no pessoal. Quando falamos em *networking*, estamos nos referindo à construção e manutenção de relacionamentos que permitem a troca de informações, ideias e recursos.

É preciso fazer aqui uma distinção didática entre *network* e *networking*.

Network é a tradução livre de "rede de contatos". É o número de pessoas que eu conheço ou sei quem são — e não necessariamente a outra parte conhece ou sabe quem eu sou. Por exemplo: se eu for a um evento empresarial e pegar diversos cartões que estiverem disponíveis nos estandes e balcões da feira de negócios, terei aumentado minha rede de contatos, meu *network*, pois passarei a saber a respeito de mais pessoas, suas funções e empresas onde trabalham, possibilitando um estreitamento de contato posterior, ainda que por meio de uma abordagem fria.

Já o *networking* ocorre quando eu e a outra parte sabemos um sobre o outro: quem somos, o que fazemos e como fazemos. A conexão é mútua. A ponto de, se uma terceira pessoa entrar em contato com um de nós e mencionar que foi o outro que o recomendou, sabermos exatamente quem fez a recomendação. Isso é sua rede trabalhando para você, ou seja, seu *networking* acontecendo.

No entanto, existem diferentes abordagens para a construção dessas redes de *networking*, que podem ser transacionais ou relacionais. E é importante deixar aqui registrado: não existe uma forma certa ou errada. Ambas as formas de *networking* têm características e objetivos distintos, e sua eficácia depende da intencionalidade com que são praticadas. Assim, este capítulo busca, também, explorar essas diferenças, discutir a importância da intencionalidade no processo e apresentar exemplos práticos que ilustrem tais distinções.

Networking relacional x *networking* transacional

O *networking* transacional é uma abordagem voltada para a troca imediata de recursos ou informações, com foco no benefício mútuo, mas com uma perspectiva mais imediatista. Nesse caso, a ênfase está no que as partes podem obter de forma rápida e direta, muitas vezes sem um compromisso de médio ou longo prazo. Esse tipo de *networking* é, geralmente, caracterizado por uma relação mais utilitária, onde as partes se conectam para atingir objetivos específicos e pontuais.

O *networking* transacional é frequentemente descrito como uma abordagem de "curto-prazismo", onde as interações entre as partes são motivadas por um interesse direto e imediato. As principais características desse tipo de *networking* são:

- **Objetivo claro e imediato**: as interações têm um foco específico, como o compartilhamento de uma informação ou a realização de uma tarefa;

- **Trocas de curto prazo**: as relações são, em grande parte, momentâneas e visam a um benefício mútuo rápido;
- **Foco no "toma lá – dá cá"**: existe um interesse no retorno imediato em troca de algo oferecido;
- **Baixa profundidade emocional**: as relações são superficiais, com pouca ou nenhuma preocupação com o bem-estar do outro a longo prazo.

Exemplo prático: durante um evento de negócios, duas pessoas podem se conectar com o objetivo de trocar contatos ou fazer negócios pontuais, sem a intenção de desenvolver um relacionamento mais profundo a longo prazo. Podem ou não fechar esse negócio. Se fecharem, ótimo. Se não, seguem para uma outra empreitada, entre si ou com outros parceiros.

A eficácia e a eficiência desse tipo de abordagem dependem muito da habilidade de negociação dos envolvidos, do nível de credibilidade (e não de confiança) que cada um tem, e do custo de oportunidade envolvido. De certo é que esse modelo de fazer *networking* exaure mais, pois a cada interação se começa tudo do zero. E isso esgota. Corpo e mente.

Por outro lado, o ***networking* relacional** se concentra na construção de conexões duradouras e no cultivo de relacionamentos baseados na confiança e no respeito mútuo. O objetivo principal aqui não é, necessariamente, uma troca imediata, mas sim o fortalecimento contínuo das relações ao longo do tempo. Nesse modelo, os vínculos são construídos de forma gradual, com foco em desenvolver uma rede de apoio mais robusta e colaborativa.

O *networking* relacional é mais orientado para o longo prazo do que para resultados imediatos, visando à construção de um relacionamento sólido, baseado na confiança e no compartilhamento mútuo de benefícios. As características do *networking* relacional incluem:

- **Investimento de longo prazo**: as interações são desenhadas para cultivar uma relação duradoura, e não uma troca imediata;
- **Construção de confiança**: a confiança mútua é um dos pilares fundamentais desse tipo de *networking*;
- **Benefícios mútuos contínuos**: em vez de uma troca imediata, busca-se um benefício sustentado ao longo do tempo, por meio de parcerias e apoio recíproco;
- **Profundidade emocional e empatia**: há uma maior compreensão e consideração pelo outro, com uma abordagem mais humana e empática nas interações.

Exemplo prático: em uma situação em que duas pessoas se conectam durante um evento, uma delas pode passar a acompanhar o trabalho da outra, oferecendo conselhos e se disponibilizando para futuras colaborações, mesmo que não haja um benefício imediato para ambas.

Nesse caso, entra em campo um vetor de controle extremamente relevante para as interações: **a intencionalidade no *networking*,** mostrando a importância da ação consciente para o ganho de maturidade da relação.

A importância da intencionalidade

A intencionalidade é um conceito-chave para entender como o *networking* pode ser eficaz. Refere-se à prática de ser consciente e estratégico nas interações, escolhendo com cuidado o tipo de rede que se deseja construir e os objetivos que se pretende alcançar. O *networking* sem intencionalidade pode resultar em conexões superficiais ou até mesmo em relações que não trazem benefícios a longo prazo.

Há como se ter intencionalidade no *networking* transacional. Nesse caso, a intencionalidade é focada em atingir objetivos específicos e rápidos. A pessoa envolvida tem uma intenção clara de obter algo em troca da sua ação ou contribuição. Por exemplo, pode procurar um contato para resolver uma questão urgente ou para fazer uma venda pontual.

Porém, no caso do *networking* relacional, a intencionalidade envolve o foco na construção de relacionamentos a longo prazo. O objetivo é criar um vínculo genuíno, baseado na confiança, que será benéfico para ambas as partes ao longo do tempo. Por exemplo, uma pessoa pode investir tempo e energia em ajudar um colega sem esperar retorno imediato, com a consciência de que isso fortalecerá a relação no futuro.

Pesquisas indicam que a intencionalidade tem um papel crucial no sucesso do *networking*. De acordo com um estudo publicado no *Journal of Business and Psychology* (2014), a intencionalidade nas relações de *networking* está correlacionada com melhores resultados de carreira e desenvolvimento pessoal, pois promove interações mais significativas e valiosas.

***Networking* transacional ou relacional? O errado é não fazer *networking*!**

O conceito de *networking*, seja ele transacional ou relacional, tem sido amplamente estudado por diversas instituições. E, como mencionei, não há uma abordagem certa ou errada. O errado é não fazer *networking*.

Para corroborar a tese de que não há certo ou errado, vale citar uma pesquisa do sociólogo americano Mark Granovetter, que, em 1973, demonstrou a importância das "redes fracas" no *networking*. Ele argumentou que conexões mais distantes podem ser mais valiosas do que relações próximas, pois oferecem acesso a novas informações e oportunidades. Esse conceito é especialmente relevante no contexto do *networking* transacional, pois destaca a utilidade de diferentes tipos de conexões.

Já em 1992, Ronald Burt, da Universidade da Flórida, apresentou um estudo importante sobre Capital Social, conceito que se refere aos recursos acessados por meio das redes sociais de uma pessoa. Burt defende que a qualidade das conexões, baseada na confiança e reciprocidade, é mais importante do que a quantidade de conexões, o que favorece a ideia do *networking* relacional.

Em seu livro "Quem está na sua sala?", de 2018, Ivan Misner — fundador e CVO (*Chief of Visionary Officer*) do BNI (*Business Network International*), a maior e mais bem-sucedida rede de *networking* relacional para geração de referências de negócios — e os demais autores, Stewart Emery, Rick Sapio e Marcos Martins, nos trazem uma reflexão interessante sobre a qualidade da rede de relacionamentos que estamos construindo, e o esmero que devemos ter nos critérios de seleção e manutenção dessa rede.

Também posso citar que, de acordo com uma pesquisa realizada pela *Harvard Business Review*, de 2016, as pessoas que praticam *networking* com intencionalidade e foco no longo prazo tendem a alcançar melhores resultados profissionais e maior satisfação nas relações de trabalho.

A essa altura, você pode estar se questionando: "Mas, Marcelo, como eu posso identificar se estou adotando uma abordagem transacional ou relacional? E qual é a mais adequada para cada situação?". Para ajudar a elucidar, trago dois exemplos práticos:

Exemplo prático de *networking* transacional: durante uma feira de negócios, um empresário pode procurar conectar-se com possíveis fornecedores ou clientes, com o objetivo de fechar negócios ou estabelecer parcerias imediatas. A interação é focada em uma troca de valor imediato — como uma venda de um equipamento para uma demanda específica que a contraparte mencionou estar precisando, ou a realização de um serviço pontual cuja demanda surgiu durante uma conversa no evento — e o relacionamento pode não ser cultivado após a transação.

Repare que, nesse caso, a abordagem é direta, com foco na venda no ato, sem buscar por mais informações, por entender mais e melhor as dores do potencial cliente e, até mesmo, sem buscar maior conexão pessoal com o *prospect*.

Exemplo prático de *networking* relacional: em um evento de *networking*, uma pessoa pode se aproximar de outra não com o objetivo de realizar um negócio imediato, mas para entender melhor sua trajetória, trocar experiências ou até oferecer ajuda, como compartilhar dicas ou indicar um mentor. Esse tipo de conexão pode evoluir para uma amizade ou colaboração futura, onde ambos se beneficiam com o tempo.

Trazendo para uma linguagem, digamos, mais empresarial, eu diria que o ciclo de vendas de empresários que adotam a abordagem mais relacional tende a ser maior até que se realize o primeiro negócio. Depois, há uma forte tendência a uma redução substancial do *CAC* (custo de aquisição de clientes), um aumento considerável do *LTV* (*lifetime value*, ou seja, o tempo que o cliente permanece ativo na sua carteira, comprando seu produto ou serviço), melhora das margens de contribuição e aumento do *ROI* (em português, retorno sobre o investimento).

Em resumo, *networking* transacional e relacional são abordagens distintas, mas ambas têm seu lugar no desenvolvimento de conexões profissionais e pessoais. O *networking* transacional foca em trocas rápidas e benefícios imediatos, enquanto o *networking* relacional investe no longo prazo, buscando construir laços sólidos baseados na confiança e reciprocidade. A chave para o sucesso está na intencionalidade: ser consciente dos objetivos que se deseja alcançar e escolher as estratégias mais adequadas para atingir tais metas.

Por fim, as pesquisas acadêmicas e as práticas empresariais indicam que, ao cultivar conexões significativas, o *networking* relacional tende a gerar resultados mais duradouros e satisfatórios, tanto no plano profissional quanto pessoal.

As evidências acabam mostrando que o *networking* relacional é mais efetivo do que o transacional.

Mas, como eu disse antes, nao há certo nem errado.

Não é porque eu sou Diretor Consultor de três grupos muito bem-sucedidos do *BNI* no Rio de Janeiro, Conselheiro Consultivo da *ABMEN* (Associação Brasileira dos Mentores de Negócios), Membro do Conselho Diretor do Rotary Club Rio de Janeiro Guanabara Galeão, Embaixador para o Rio de Janeiro da *Global Education Leaders*, ou ainda porque faço parte de diversas outras entidades empresariais e comerciais, e frequento semanalmente vários eventos voltados ao meio empresarial para criar mais relações de qualidade a cada dia, que vou dizer aqui que minha "preferência estratégica" é a de praticar *networking* relacional.

Quem sou eu para isso? *Rs*

SOBRE O AUTOR

Marcelo Vieira

Empresário, proprietário e/ou sócio em empresas dos segmentos de transporte e logística, saúde e bem-estar, consultoria, *marketing* digital e *venture builder.* Atua também como mentor de negócios, consultor e *coach* de vendas. Treinador empresarial nas áreas de vendas, atendimento ao cliente, negociação e CRM. Professor em cursos de Pós-graduação, MBA e programas *in company*. É investidor e *advisor* em *startups* dos segmentos de cidades inteligentes, indústria 4.0, *health techs* e agronegócio. Exerce ainda o cargo de Diretor Consultor de três grupos do BNI Rio e é Rotariano.

profcarlatavares

carlatavaresacademy

www.carlatavaresacademy.com

Para definir seu propósito de networking *é preciso ter clareza de quais são seus objetivos e aspirações. Qual foi a última vez que parou para refletir por que você faz o que faz?*

Carla Tavares

Empresária, Professora da FGV, Palestrante e Mentora.

CAPÍTULO 4

NETWORKING COM PROPÓSITO: CONECTANDO SIGNIFICADO E RELAÇÕES

Em primeiro lugar, gostaria de trazer um alinhamento conceitual e uma reflexão sobre *networking* e propósito, primeiro de forma distinta, para somente depois podermos misturar esses dois universos.

O que é propósito?

Propósito é o motivo principal ou a razão pela qual algo é feito ou existe. Trata-se de uma intenção ou um objetivo de vida que dá sentido às ações, decisões e comportamentos de alguém. Em essência, propósito é o que impulsiona uma pessoa a se levantar todos os dias e a seguir em direção a seus objetivos. Ele está frequentemente alinhado com valores pessoais, paixões, vontade extrema de impactar realidades, gerar possibilidades e visões de futuro, além, é claro, daquela vontade altruísta de deixar um legado para as futuras gerações.

O propósito é o seu porquê — seja pessoal ou da sua empresa. Como diz Simon Sinek, em seu livro "Comece pelo porquê":
"Um propósito não apenas mobiliza, mas inspira conexões genuínas e duradouras".

Estudos reforçam essa ideia. De acordo com a Harvard Business Review, pessoas que encontram um propósito claro em sua vida têm 42% mais chances de se sentirem realizadas no trabalho, enquanto 89% acreditam que o propósito melhora tanto a satisfação quanto o desempenho profissional.

Empresas com propósito claro: um diferencial estratégico

No mundo corporativo atual, empresas que atuam com um propósito claro destacam-se como líderes em inovação, engajamento e impacto. Segundo a consultoria internacional Deloitte, organizações orientadas por propósito têm 30% mais chances de inovar e 40% mais chances de reter talentos do que aquelas focadas exclusivamente no lucro. Esse diferencial estratégico não apenas melhora os resultados financeiros, mas também reforça a relevância e a resiliência da empresa em um mercado em constante mudança.

O que é uma empresa com propósito?

Empresas com propósito vão além do lucro e alinham suas operações e estratégias aos valores que compartilham com seus clientes, funcionários e parceiros. Elas buscam resolver problemas sociais, econômicos ou ambientais enquanto geram valor econômico. O propósito funciona como uma bússola estratégica, guiando decisões e inspirando engajamento em todas as partes interessadas.

Propósito e *networking*

No contexto do *networking*, relações com propósito são aquelas construídas com uma intenção clara e valiosa. Essas relações vão além das trocas superficiais e focam em criar conexões significativas e mutuamente benéficas. Um estudo da Pew Research Center revela que 71% das pessoas preferem colaborar com indivíduos ou organizações que compartilham seus valores pessoais e profissionais. Isso mostra como a clareza de propósito no *networking* pode transformar as interações.

Ter um propósito claro no *networking* ajuda a guiar suas interações e a garantir que elas tragam benefícios reais tanto para você quanto para as outras pessoas envolvidas. Como demonstrado pela rede LinkedIn, dedicada a reunir profissionais do mundo todo,

85% dos empregos são preenchidos por meio de *networking*, evidenciando o poder dessas conexões. Então por que apenas 30% das pessoas se dedicam a fazer *networking* de forma intencional e organizada?

Exemplos de propósito no *networking*

1. Crescimento Profissional: estabelecer relações com pessoas que podem oferecer conselhos, orientação e oportunidades de desenvolvimento na carreira.

2. Compartilhamento de Conhecimento: conectar-se com indivíduos que têm interesse em aprender e compartilhar informações valiosas sobre um campo específico.

3. Impacto Social: construir uma rede de contatos com o objetivo de criar mudanças sociais positivas ou apoiar causas importantes.

4. Inovação: formar conexões com pessoas criativas e inovadoras que possam colaborar em projetos ou novas ideias.

Como definir seu propósito no *networking*

Para definir seu propósito no *networking* é preciso ter clareza de quais são seus objetivos e aspirações. Qual foi a última vez que parou para refletir por que você faz o que faz? Princípios e valores claros orientam e sustentam nossas tomadas de decisão diárias, nos mantêm resilientes e fortalecem nossa identidade. Além, é claro, de manter nossa coerência social, entre o que falamos e o que praticamos cotidianamente. O que realmente é importante para você?

Para que consiga identificar que conexões são interessantes, importantes e relevantes para que desenvolva uma rede sustentável de relações, é preciso, inclusive, avaliar a paridade; além, é claro, do quanto se identifica verdadeiramente — no profundo, e não na superficialidade. Que tipo de pessoas você gostaria de ter ao seu redor para ajudá-lo a alcançar esses objetivos?

Não é exclusivamente sobre você! Mas sim sobre como você pode agregar valor aos outros enquanto persegue seus objetivos, essa é a equação transformadora na geração de valor.

A clareza sobre seu propósito ajudará a tornar suas interações de *networking* mais autênticas e eficazes. Redes baseadas em propósito transcendem interesses individuais e promovem o impacto coletivo, como mostra um levantamento do World Economic Forum: 58% dos jovens empreendedores priorizam conexões que promovam impacto social.

Networking com propósito na prática

Aplicar o conceito de propósito ao *networking* exige ações práticas coerentes e consistentes. Aqui estão algumas dicas para incorporar essa abordagem ao seu dia a dia:

1. Seja Autêntico: demonstre genuíno interesse por histórias e objetivos alheios. Como disse Dale Carnegie, em seu livro *best-seller* "Como fazer amigos e influenciar pessoas":

"Você pode conquistar mais amigos em dois meses interessando-se genuinamente pelas pessoas do que em dois anos tentando fazer com que elas se interessem por você".

2. Ofereça Valor: antes de pedir algo, pergunte como pode ajudar. Redes mais íntimas e confiáveis aumentam em 50% as chances de suporte em momentos críticos, segundo estudos.

3. Cultive Relações a Longo Prazo: evite tratar o *networking* como transação. Invista tempo de qualidade para nutrir suas conexões.

4. Participe de Comunidades Alinhadas ao Seu Propósito: identifique grupos ou organizações que compartilham os mesmos valores que os seus. Eventos e comunidades no WhatsApp, entre outras redes sociais, são oportunos.

5. Compartilhe Sua Visão: comunicando seu propósito, você atrai pessoas com interesses e valores similares.

Organizando uma rede próspera de contatos

Nem todos os contatos têm a mesma relevância para seus objetivos, embora todos sejam importantes. Uma boa estratégia pode ser organizar sua rede em categorias, tais como: **mentores**, ou seja, pessoas mais experientes em determinado assunto, que podem oferecer conselhos e *insights*. **Colaboradores fornecedores**, são aqueles contatos que podem contribuir em projetos ou parcerias pontuais. Os **influenciadores** são aquelas pessoas com grande alcance ou influência em seu setor de atuação. Por último, mas não menos importante, **amigos e apoiadores**, os contatos pessoais ou profissionais que podem fornecer suporte moral, inspiracional e encorajamento em diversos momentos.

Estabeleça um sistema de monitoramento da sua rede

Em um mundo cada vez mais hiperconectado e com distratores que roubam a sua atenção a cada momento, é fundamental organizar um sistema de controle, ativação e proteção da sua rede de contatos. Monitore suas interações para não perder o contato ou esquecer compromissos e datas importantes. Fazer anotações sobre conversas passadas, interesses compartilhados ou ações futuras também pode ser um grande diferencial, na hora de retomar os assuntos de onde parou ou quando surgir uma nova oportunidade de negócio.

Outra ação essencial é definir uma frequência de contato para se conectar com cada categoria.

Apenas como exemplo:

Mentores: a cada 3 a 6 meses.

Colaboradores: mensalmente ou conforme necessário.

Influenciadores: em eventos ou por meio de redes sociais.

Ferramentas como LinkedIn, Google Contacts ou CRMs podem automatizar lembretes para manter essas interações ativas e suas relações saudáveis.

Crie uma rede poderosa e ofereça valor

Networking é uma via de mão dupla. Mantenha suas conexões fortes ajudando antes de pedir ajuda. Compartilhe recursos úteis, como artigos, eventos ou oportunidades. Faça apresentações entre contatos que possam se beneficiar mutuamente. Reconheça e celebre marcos ou conquistas de seus contatos. Por exemplo: se um contato fez uma conquista significativa, envie uma mensagem parabenizando-o ou compartilhe a notícia em suas redes sociais. Generosidade é o primeiro passo para a reciprocidade.

Avalie regularmente o impacto da sua rede em sua vida pessoal e profissional

A cultura de avaliar periodicamente nossas redes de contatos não é muito praticada, mas é extremamente importante para a tomada de decisões. Uma rede de contatos pode significar muita coisa, inclusive nada, caso se encerre na sua agenda telefônica. Para que uma rede de relacionamento seja sustentável, é preciso muito mais energia e dedicação.

Refletir sobre quais conexões estão sendo mais estratégicas para alcançar seus objetivos e quais contatos precisam ser fortalecidos ou reativados só é possível com metas claras e definidas para fazer sua rede crescer e capilarizar. Coloque a sua rede para trabalhar com ética e inteligência a favor dos seus objetivos.

O legado do *networking* com propósito

Quando alinhamos nosso *networking* com um propósito claro, não apenas criamos redes mais robustas, mas também contribuímos para um mundo mais conectado e significativo. Redes diversificadas e intencionais aumentam em 12 vezes a chance de trazer novas perspectivas e ideias, segundo a McKinsey.

Trata-se de reconhecer que cada interação tem o potencial de impactar vidas, transformar perspectivas e criar futuros possíveis. O *networking* com propósito nos desafia a ir além do individual e construir relações que beneficiem todos os envolvidos, deixando um legado positivo para as futuras gerações.

O *networker* do futuro

Não há como falar do futuro do *networker* sem citar o conceito de nexo, muito bem descrito por Walter Longo, em seu livro "A era do nexo". Para o autor, o nexo é definido como o ponto de interseção onde diferentes elementos se encontram e geram algo novo e valioso. Na prática, é a habilidade de relacionar conceitos distintos, fazer associações entre ideias aparentemente desconexas, gerando *insights* e inovações. Além da capacidade de criar conexões rápidas e estabelecer ligações instantâneas entre informações ou pessoas, aproveitando oportunidades no momento certo.

Para isso, é preciso entender o contexto, identificar padrões em cenários complexos e adaptá-los à realidade atual. Nos dias de hoje, a quantidade de informações disponíveis é imensa, mas o valor está em saber como conectar essas informações. O sucesso de indivíduos e organizações não depende apenas de acesso ao conhecimento, mas de sua capacidade de aplicá-lo criativamente em tempo real. A complexidade do mundo atual exige pensamento integrativo, ou seja, a habilidade de juntar diferentes perspectivas e criar soluções inovadoras.

No livro, o autor posiciona o poder do nexo como uma competência essencial para o século XXI, sugerindo que aqueles capazes de dominar essa habilidade estarão mais bem equipados para enfrentar desafios, gerar inovação e liderar mudanças significativas.

E você, o que está esperando para transformar sua rede de relacionamento em uma máquina de impacto e se tornar um agente protagonista de transformações valiosas?

SOBRE A AUTORA

Carla Tavares

Empresária, palestrante e mentora. CEO da Lady Driver App Rio, docente na Fundação Getúlio Vargas e especialista nas áreas de Desenvolvimento Humano, Negociação, Administração e Gestão de Negócios. Com mais de 25 anos de experiência em diversos setores da economia, como Esporte, Educação, Cultura, Turismo e Empreendedorismo, vem construindo seu patrimônio intelectual e de soluções. Apaixonada por estudar e pesquisar o comportamento humano, dedica-se a ajudar pessoas e organizações a construírem conexões significativas e alcançarem resultados relevantes por meio de relações e parcerias estratégicas.

inesrocha

inesrocha1

www.inesrocha.com.br

Vale ressaltar que os ambientes de negócios (presenciais ou online) ainda não estão moldados para as mulheres. Sabendo disso, precisamos inovar, praticar, construir e melhorar esses ambientes para nós e para as mulheres que virão a seguir.

Inês Rocha

Consultora e Mentora em Estratégia de Negócios, Conselheira no Conselho Estadual de Empreendedorismo Feminino, Secretaria da Mulher-RJ.

CAPÍTULO 5

EMPREENDEDORAS EM REDE: O PAPEL DO *NETWORKING* NO EMPREENDEDORISMO FEMININO

A origem

E de repente me vi ali, no meio de milhares de pessoas, sozinha, mas me sentindo acolhida, fazendo parte.

Era o ano de 2010. Meia Maratona do Rio — o circuito mais bonito do mundo, garantido! Eu ali na largada, comigo, pronta para mais um superdesafio. Sozinha e sem me sentir solitária. Tantas pessoas e todas reunidas no mesmo objetivo: SUPERAÇÃO.

Vinte e um quilômetros me esperavam pela frente, no desafio do dia, a primeira Meia Maratona da vida.

nos ou competições, nas manhãs das largadas, sempre tia preparada, não só pelo caminho de treinos percorridos mas também pelo exercício mental. Sim, estamos falando trilha que o tempo todo você percorre com você e com outras pessoas — as que te apoiam, as que se preparam ocê, as que te socorrem, as que correm com você e as que cem ao longo dos percursos (algumas para o resto da vida).

ndentemente do grau de relacionamento, fui entendendo o papel de cada um que surgia nesta longa jornada, de Seja de treinos, de provas ou de vida. Isso mesmo, no final estávamos todos conectados, reunidos e perseguindo objetivo comum — a superação.

primeiras reflexões sobre "redes & conexões" vieram desses ntos em que me via ali, firme. Antes de cada largada, única tegrada. Uma e tantas ao mesmo tempo. Com o sentimento forto, dentro do desafio. Aos poucos, fui expandindo esse dimento para outras áreas da minha vida.

abe um detalhe. Comecei a correr aos 47 anos e ali não va conta do momento pessoal/profissional que estava ssando paralelamente às corridas.

os ensinamentos das pistas para a vida não foi tarefa difícil. der esse movimento, que se transformaria em dinâmica de levou algum tempo, exigiu uma certa habilidade, observa- edicação, organização e ritmo para aquela garota tímida, da em Santa Teresa, no Rio de Janeiro.

Tudo começa no desejo, passando pelo planejamento para alc[illegible] os objetivos — simples assim (ou não!). A partir daí, determ[illegible] rota e percorrer trilhas. Do amadurecimento veio o entendi[illegible] que todos os caminhos serão percorridos com seu próprio es[illegible] mas nunca de forma solitária! Quem estará com você? Com [illegible] você vai se conectar? Para quê? Como essas conexões form[illegible] uma rede potente? Qual a capacidade e as habilidades que mulheres, através de nossas redes, podemos utilizar ao con[illegible] um ecossistema empreendedor mais sustentável, mais div[illegible] mais humano e mais real?

É sobre isso e muito mais que iremos tratar a seguir.

Empreendedorismo feminino

Vamos alinhar um pouco sobre o empreender e sobre com[illegible] o Empreendedorismo Feminino.

Faço aqui um apanhado rápido sobre a arte de empreender. [illegible] me conhece sabe que fujo um pouco do conceito clássic[illegible] mitado do que é empreendedorismo, já sendo bem abusad[illegible] básico, de acordo com o Sebrae, temos que "empreendedo[illegible] é a capacidade de uma pessoa em identificar problemas e [illegible] tunidades, desenvolver soluções e investir recursos na c[illegible] de algo positivo para a sociedade. Seja um negócio, um pr[illegible] ou movimento que gere mudanças reais e impacto no coti[illegible] das pessoas".

Já expandindo nossas lentes e dando mais alguns passos [illegible] conceito, incluo a capacidade do empreendedor em não só ter a visão do que pode vir a se constituir um negócio, mas aponto também, de forma categórica, sua capacidade de agir, de transitar no ambiente de negócios e se comprometer com o desenvolvimento de algo que contribua substancialmente para o mercado de forma inovadora. Aqui ressalto o poder do movimento e a capacidade de expandir o alcance do que um dia foi uma ideia.

E para ser mais direta e atual, considero o empreender estratégico como a essência do negócio que se move no tempo e ganha espaço, gerando o verdadeiro impacto positivo para a sociedade e o planeta. Não tem atalho, mas um caminho a ser percorrido todos os dias. Quando falamos de evolução de negócios que se movem no tempo, não podemos deixar de considerar, de forma bem realista, todos os desafios e riscos, cada vez mais complexos, que se mostram inerentes a esse movimento de crescimento.

Não à toa sempre ouvimos: "empreender é para os fortes"!

E, na sequência, trago informações sobre empreendedorismo feminino e sobre o número crescente de mulheres que lideram negócios em nosso país. Antes de falar dos números disponíveis neste momento, faço uma ressalva sobre a necessidade urgente de intensificarmos, aprimorarmos e refinarmos os dados relativos às informações sobre o empreendedorismo feminino.

Entender esse movimento crescente, as motivações e a capacidade de gerar e gerir negócios faz toda a diferença para que cada vez mais mulheres se sintam confortáveis em transitar neste mundo dos empreendimentos. Hoje, quando nos referimos a mulheres que empreendem no Brasil, falamos de mais de 10 milhões delas à frente de seus negócios, mais da metade fora da formalidade e, em sua grande maioria, sem sócio.

Pausa, reflexão!

Apurando o olhar — dados

Instituto Rede Mulher Empreendedora (IRME)

Um estudo do IRME, do final de 2023, inferiu que as empresárias brasileiras faturam pouco. Elas pagam juros mais elevados (mesmo sendo menos inadimplentes) e suas empresas têm menos probabilidade estatística de crescimento. Cerca de 82% são afro-brasileiras, 98% pertencem às classes de renda mais baixa, e 83% empreendem por necessidade. Olhando esse cenário em perspectiva, podemos nos perguntar: como montar uma rede de relacionamento eficaz para essas mulheres?

Global Entrepreneur Monitor (GEM)

De acordo com pesquisa GEM 2023, dos 47,7 milhões de empreendedores (homens e mulheres) com intenção de entrar no mercado nos três anos subsequentes, 54,6% correspondem ao público feminino. Lembrando que esse cenário foi revertido com relação ao ano anterior, quando a representação masculina foi de 55%.

Outro dado interessante dessa pesquisa é que a maioria, dentro desse público feminino, tem a faixa etária de até 34 anos, e são predominantemente mulheres pretas e pardas.

O que podemos entender dessa pequena amostragem de cenário?

Por um lado, temos motivo para nos animar: caso sigamos neste ritmo de crescimento de negócios liderados por mulheres, podemos afirmar que o futuro do empreendedorismo no Brasil é feminino!

Por outro lado, se olharmos as condições em que as mulheres empreendem hoje e o resultado de seus negócios, nos desapontamos, pois muito ainda temos a avançar.

Já indo um pouco além, considerando o mercado como um todo, vemos as relações de trabalho se modificando rapidamente. Os pequenos negócios representam hoje uma força econômica responsável pela geração de 95% dos empregos formais e o equivalente a 30% do PIB brasileiro. Precisamos apurar nosso olhar para esses negócios nascentes e como eles se desenvolvem ao longo do tempo. Promover o empreendedorismo inclusivo faz com que pensemos na preparação e na capacitação dos diversos públicos que estão adentrando o mercado através de seus negócios.

Pensar em políticas públicas, investimentos específicos e programas que não só preparem, mas que também incentivem as mulheres a empreenderem, é de suma importância para a economia como um todo.

Seguindo nessa toada, passamos a um conceito básico, a meu ver, que fará toda a diferença não só em nossa caminhada, mas também na sequência proposta para este capítulo.

Networking

Vamos partir do termo *NETWORKING*, que se originou na informática e remete ao estabelecimento de redes ou a criação de conexões. Considero o conceito de *NETWORKING*, que foi tão difundido ao longo dos últimos anos, um pouco incompleto e defasado para os dias atuais e para o que precisamos escalar.

Netweaving

Se você ainda não ouviu falar desse termo, busque rápido mais informações. Caso tenha ouvido, aprofunde seu conhecimento, urgentemente. O conceito de *NETWEAVING* "incentiva o cultivo de amizades verdadeiras, saudáveis, positivas, construtivas e divorciadas de interesses puramente egoísticos e materialistas".[1] Esse conceito representa um avanço significativo na construção de uma rede de relacionamentos.

Dando um passo adiante: quando falamos de *NETWEAVING*, estamos ampliando as nossas lentes para o que podemos ter de melhor nos relacionamentos. Já trazendo esse conceito para a luz do empreendedorismo, complemento com algumas iniciativas que nos colocam em melhores condições de evoluirmos nos relacionamentos profissionais:

- Construir relações que não visem somente a interesses interpessoais ou resultados diretos e imediatos;

1 Macêdo, Gutemberg B. de. Guia de sobrevivência corporativa. Rio de Janeiro: Alta Books, 2015.

Ser capaz de trocar experiências, *insights* e compartilhar visões;

- Demonstrar interesse verdadeiro em construir e manter a rede próxima.

Aqui falo, com toda certeza, sobre colaboração. É impossível, no atual cenário sociopolítico econômico, enquanto empreendedoras que somos, não nos aproximarmos de uma nova cultura de negócios, onde consigamos reestabelecer relacionamentos com bases mais sólidas na confiança, na cooperação mútua, na reciprocidade e no colaborativismo em sua essência.

Deixando um pouco de lado conceitos, pesquisas e formatos, trago algumas reflexões sobre empreendedorismo feminino, negócios, redes e conexões:

1. Sim para a educação e a formação empreendedora

Analisando alguns programas de empreendedorismo feminino, vejo que muitos temas tratados são mais ligados aos negócios em geral do que, propriamente, ao empreender e tudo que ele envolve. Falo de entender o empreender que viabiliza e se conecta com o propósito de realizar um negócio na visão de uma mulher. É bem frequente que os programas de formação para mulheres empreendedoras venham mais carregados de temas como vendas, finanças, *marketing*, do que trazendo a abordagem desses assuntos na ótica feminina. Já percebemos que o significado de sucesso nos nossos próprios negócios vai muito além dos resultados financeiros.

Precisamos trazer mais, muito mais, sobre:

- A influência do comportamento feminino nos negócios;
- Como utilizar nossas melhores habilidades na gestão e na condução de negócios;
- Como equalizar todas as frentes de atuação dentro e fora dos negócios;
- Como nossos negócios conseguirão influenciar e direcionar a economia local;
- Como gerir negócios mais sustentáveis;
- Como construir legado, desde a origem dos nossos negócios.

2. Sim para mergulharmos nas nossas redes & conexões

Não existe um momento específico, nem um lugar ideal para falarmos de nós mesmas e do que nos move. De tudo que nos move em propósito e do que nos move em negócios. É assim, tudo junto e misturado. Confie.

Sim, é sobre confiança em você mesma e no seu empreendimento. O que você está fazendo e colocando na praça tem valor para alguém que você precisa encontrar e conectar.

Tecer suas melhores redes está ligado à constância, clareza, profissionalismo e sinceridade (não necessariamente nessa ordem).

Sobre a arte de se relacionar, devo dizer que ela merece ser exercitada a todo momento, presencialmente e *online*. Presencialmente, busque eventos relacionados ao seu negócio.

Uma vez nesses eventos, não permaneça próxima somente àqueles que você conhece. Busque conhecer novas pessoas e iniciar relacionamentos que poderão, posteriormente, ser estreitados até de forma *online*. Tenha seu recado na ponta da língua, mas sem precipitação da "venda". É sempre aconselhável gerar uma certa curiosidade.

Quanto aos relacionamentos *business online*: você pode estar presente em todas as redes sociais, mas apenas uma é indispensável e insubstituível — o LinkedIn. No LinkedIn, não tente ter milhões de conexões. Fale com quem faz sentido para você. Seja sincera, se valorize (sem excesso) e respeite suas conexões, pois, uma vez estabelecidas, elas valem ouro para o resto da vida!

A rotina de se relacionar sob todas as formas precisa ser entendida como parte do negócio.
Construir uma estratégia de relacionamento e colocá-la em prática exige dedicação e aperfeiçoamento constante.

Lembrando que relacionamento não é venda.

Vale ressaltar que os ambientes de negócios (presenciais ou *online*) ainda não estão moldados para as mulheres. Sabendo disso, precisamos inovar, praticar, construir e melhorar esses ambientes para nós e para as mulheres que virão a seguir (legado, lembra?).

Utilizar a força dos coletivos femininos é imperativo.

E, por último, aquela dica que resgata a sintonia entre empreendedorismo feminino e as corridas de rua: independentemente do estágio de *performance* que você e seu negócio estejam, confie na sua capacidade de "puxar" e inspirar outras mulheres.

É sobre isso que falo e compartilho: sobre a longa caminhada e sobre fazer a diferença, empreendendo e construindo redes de valor.

Feliz que tenhamos chegado até aqui. Deixo meus canais à disposição para nos conectarmos e seguirmos construindo nossas melhores redes.

Sim, eu acredito que este é o verdadeiro papel dos negócios: formar conexões verdadeiras!

Até já.

SOBRE A AUTORA

Inês Rocha

Consultora e Mentora Estratégica dedicada ao desenvolvimento de negócios, com foco na construção de comunidades e redes profissionais qualificadas.

- Conselheira Estadual de Empreendedorismo da Secretaria da Mulher-RJ
- Conselheira na ONG Pipa Social
- Multiplicadora do Movimento Global de Empresas B
- Professora convidada na disciplina de Gerenciamento de Processos na FGV

Nos últimos 8 anos, se dedica à causa que envolve as questões de gênero e toda a temática de inclusão das mulheres num mundo onde elas possam ser valorizadas todos os dias.

- Embaixadora da Rede Mulher Empreendedora
- Líder no Núcleo Rio de Janeiro do Grupo Mulheres do Brasil
- Membro do *Hub* Conselheiras RJ

www.inesrocha.com.br

inelli_oficial

pinelli

rmar que, no terceiro setor, temos uma dupla missão
etworking: viabilizar novos negócios e, ao mesmo
o, promover a conscientização de que a evolução social
e tanto precisamos depende da nossa união — empresas,
no e sociedade.

Raquel Sp

Empreendedora social e CEO da ONG Providenciando a Favor d

CAPÍTULO 6

NETWORKING NO TERCEIRO SETOR

Criar relacionamentos profissionais no terceiro setor é fundamental tanto para a consolidação de um projeto quanto para o crescimento e prospecção de novos apoiadores e patrocinadores. Quanto mais pessoas acreditam na sua causa, maior é o seu alcance. E essa construção de relacionamento, que é o próprio *networking*, precisa ter não só o objetivo de atrair mais recursos, mas também o de fomentar uma cultura de sustentabilidade e desenvolvimento humano dentro das empresas e em toda a sociedade.

Portanto, posso afirmar que, no terceiro setor, temos uma dupla missão com o *networking*: viabilizar novos negócios e, ao mesmo tempo, promover a conscientização de que a evolução social de que tanto precisamos depende da nossa união — empresas, governo e sociedade. Isso significa assumir, enquanto sociedade, a responsabilidade compartilhada por um país construído com base na desigualdade e na exploração do outro. Não basta cobrar políticas públicas ou responsabilizar governos e pessoas; é necessário entender que todos nós fazemos parte da solução. É pensar na importância do investimento financeiro para o desenvolvimento humano daqueles que se encontram em extrema vulnerabilidade como forma também de se envolver e fazer parte ativamente dessa mudança.

Para muitas pessoas, o termo Organização Não Governamental (ONG) caiu em descrédito pelo fato de algumas instituições estarem envolvidas em ações de corrupção. No entanto, ainda temos no Brasil muitas ONGs que fazem bem o seu papel, com seriedade, transparência e profissionalismo. São essas que precisam estar em destaque, ser valorizadas e que certamente precisamos conhecer melhor.

O que é o terceiro setor?

O terceiro setor é representado por organizações formadas por pessoas comuns que se unem para atender a demandas e necessidades específicas de uma determinada região, com finalidade social, esportiva, cultural, educacional ou similar. Essas iniciativas visam, dentre esses diversos objetivos, combater uma realidade não favorável ou atender a alguma demanda na qual a comunidade ou território está desassistido.

A finalidade de uma organização do terceiro setor — seja uma Organização Social (OS), instituto, ONG ou fundação — é definida em seu estatuto social e regida por uma assembleia geral. Independentemente da classificação jurídica, todas têm em comum a prestação de serviços de caráter público, por atender à necessidade de um coletivo de pessoas, e não aos interesses individuais ou de um pequeno grupo. Todo lucro, receita ou arrecadação obtido por essas instituições é aplicado nas finalidades estatutárias da organização social.

O terceiro setor atua em conjunto com o Estado, que é o responsável direto pela execução de políticas públicas (primeiro setor). Como o poder público muitas vezes não consegue atender a todas as demandas da população, o terceiro setor contribui para tornar essas políticas mais eficientes e acessíveis. Para isso, estreita relações por meio de termos de colaboração, patrocínio ou parceria com governos, tanto para promover suas ações sociais quanto para se fazer cumprir as políticas de atendimento ao cidadão.

Em conexão com o segundo setor, onde se encontram as empresas privadas que são formadas com finalidade lucrativa, é comum vermos empresas que realizam parceria com o terceiro setor para cumprir exigências legais ou para construir práticas de ESG. Mas também existem empresas que já possuem uma cultura social implantada por sua diretoria. E como ser encontrado por essas empresas e firmar parcerias que nos ajudem a atender às nossas finalidades sociais? A resposta é: *networking*!

Aqui, o *networking* é fundamental. No terceiro setor, ele é o caminho para ser visto, conhecer e ser conhecido, mostrar a seriedade e a credibilidade do seu trabalho e, assim, fechar contratos, parcerias e ações conjuntas. É importante demonstrar sua *expertise* e todo seu envolvimento, compromisso e experiência direta com as comunidades carentes e pessoas em situação de vulnerabilidade social, assim como a eficiência dos resultados do seu trabalho social. Isso é essencial para embasar futuras colaborações.

No geral, é importante entender — e tenho certeza de que o terceiro setor tem esse papel — que todos nós vivemos em sociedade e precisamos uns dos outros. Ninguém está totalmente isolado. Se todos os setores compreenderem a importância de se envolver com o desenvolvimento social, poderemos, juntos, construir um futuro melhor para todos.

As organizações sociais e o *networking*

A captação de recursos no terceiro setor passa por um processo de *networking* constante, desde a fundação até a conclusão de um projeto; não existe associação feita de uma pessoa só. Para fundar uma organização social, é necessário reunir, no mínimo, três pessoas que acreditem na mesma causa. E digo mais: o *networking* não deve ser usado apenas para captar recursos financeiros, mas também para propagar a cultura da organização, conquistar novos voluntários e adeptos à sua causa, aumentar a visibilidade e fortalecer a credibilidade do seu trabalho.

Além disso, profissionais do terceiro setor devem contribuir com sua *expertise* para o desenvolvimento dos demais setores, desmistificando a ideia de que as organizações sociais estão em um ecossistema de *networking* apenas para "receber". Pelo contrário, temos profissionais muito competentes, que têm muito a oferecer e podem colaborar com empresas privadas e governos.

Quando falamos de captação de recursos financeiros, a organização social precisa, antes do *networking*, fazer um dever de casa: ampliar suas estratégias e possibilidades de captação para que, em contato com as empresas, possa apresentar diferentes formas de apoio. Por exemplo, quem ainda não está com seu projeto enquadrado em nenhuma lei de incentivo, só tem a opção de doação via verba direta, algo que nem todas as empresas fazem. A grande maioria usa de incentivos fiscais para investir em projetos sociais.

No geral, uma organização social só pode acessar incentivos fiscais após comprovar três anos de atuação. No entanto, isso não deve ser motivo para não investir em *networking*. Caso seja esse o momento atual da sua instituição, ainda é possível explorar outras frentes, como a captação de doações de bens materiais junto a empresas — itens que podem ser destinados diretamente aos beneficiários, como *kits* de higiene, roupas, materiais de papelaria, limpeza, entre outros. Também é possível incentivar o voluntariado ou o apadrinhamento com valores mais baixos para pessoas físicas e, principalmente, trabalhar constantemente para ampliar a visibilidade dos projetos.

Explorando um pouco mais essa ideia de captação, trago um exemplo prático. Quando fundei a ONG Providenciando, tive a oportunidade de nascer já com a parceria de uma grande empresa que já me acompanhava antes mesmo de a organização ser registrada. Na época, eu era só uma pessoa física que ajudava a minha comunidade, e mesmo assim tive a oportunidade de receber patrocínio. No entanto, ainda não tinha estrutura legal para formalizar essa relação. Reuni, então, pessoas que acreditavam no meu trabalho, legalizamos a organização e iniciamos nossas atividades já com um patrocínio que nos permitia manter três projetos sociais. Era como viver no país das maravilhas. Tínhamos uma única fonte de financiamento, que naquele início era suficiente para manter nossas ações sociais.

Empolgada e feliz, porém inexperiente, eu não me preocupei em conhecer novas empresas ou firmar mais parcerias. Foquei apenas em executar os trabalhos conforme haviam sido propostos.

Três anos se passaram e, inesperadamente, a empresa parceira declarou falência. De repente, me vi sem nenhuma fonte de renda para manter os projetos. Foi então que começou o desespero por recursos. Fui em busca de conhecimento e descobri a importância de diversificar as fontes de financiamento e de investir em *networking* para alcançar essa diversificação.

Ter um patrocínio *master* é muito bom, mas nem sempre é viável ou acessível. Aprendi que contar com vários pequenos patrocinadores pode gerar mais estabilidade para o projeto do que depender de um único grande patrocinador. Portanto, explorar o *networking* e se conectar com empresas e pessoas que te possibilitem captar recursos até mesmo por pessoa física pode ser interessante.

Imagine, por exemplo, que eu tenha 40 pessoas que, juntas, doam 10 mil reais por mês. Se uma ou outra deixar de contribuir, não impacta tanto no projeto. Já no caso de um único patrocinador investindo os mesmos 10 mil reais, a ausência dele comprometeria totalmente a continuidade do projeto.

Em resumo, destaco, a seguir, a importância do *networking* para o terceiro setor:

- Expansão da cultura social;
- Ampliação das fontes de financiamento;
- Profissionalização do setor e acesso a novos conhecimentos;
- Colaboração com o desempenho de políticas e práticas de ESG em empresas privadas;
- Ganho de mais adeptos — sejam voluntários ou pessoas para abraçar a causa;
- Conexão com profissionais e empresas de diversas áreas, que trazem inovações para as práticas cotidianas;
- Novas ofertas de serviços para o público beneficiado pela organização;
- Oportunidades ampliadas para pessoas com pouco ou nenhum acesso à informação.

A construção da sua imagem

Quando falamos de imagem, surgem muitas opiniões controversas. Não vou aprofundar nesse assunto, mas é muito importante entender que mudar a imagem das organizações sociais no Brasil depende muito mais de nós, que atuamos no terceiro setor. O que é bem feito e dá resultado precisa sair da invisibilidade. A profissionalização das organizações é para ontem! Muitos querem fazer o bem, mas não conseguem recursos — não por falta de qualidade, mas por não enxergarem seus projetos como uma empresa, fazendo tudo de forma amadora.

Quando enxergamos nosso projeto social como um negócio que precisa ter lucro, passamos a ter atitudes intencionais e não aleatórias. Você pode ter ficado espantado com a palavra "lucro" no terceiro setor, eu ficava também, pois as pessoas logo associam a organizações corruptas, concorda? Mas, legalmente, as organizações precisam aplicar seus recursos financeiros excedentes (lucro) integralmente em suas finalidades estatutárias, e nunca distribuir lucros aos sócios ou diretores. Ou seja, é preciso, sim, ter lucro, ter fluxo de caixa e fundos de investimento, mas tudo para que os projetos possam acontecer.

Uma organização social é de fato uma empresa que deve cuidar da governança, ter estratégias de *compliance* e elaborar um planejamento estratégico. Por isso, reforço aqui que antes de fazer *networking*, é preciso fazer o dever de casa. O primeiro passo é a empresa estar juridicamente regulamentada: documentação em dia, certidões atualizadas, contabilidade regular. Apesar de ser uma empresa sem fins lucrativos, deve seguir a legislação vigente.

O segundo dever de casa é agir com transparência, ter suas métricas bem definidas e uma comunicação eficiente das ações e resultados. Isso inclui ter um *site* atualizado, redes sociais com publicações constantes, assessoria de imprensa e relatórios acessíveis. Dessa forma, quando alguém ficar sabendo sobre o seu trabalho por meio do *networking* e buscar informações, precisa ter fácil acesso a tudo o que a sua organização tem feito para o desenvolvimento da sua comunidade.

Infelizmente, existem por aí muitas organizações sociais que funcionam de forma amadora, sem profissionalismo. Cuidar dos detalhes antes de se apresentar é o que pode fazer a diferença na hora de conquistar um apoiador.

Muitas organizações sociais nascem por uma causa nobre e com propósitos bem definidos, mas por falta de visão empresarial e foco na sustentabilidade da organização, acabam não se mantendo no longo prazo.

Definir bem a missão, visão e valores, ter uma cultura organizacional forte, um planejamento estratégico claro e uma equipe alinhada é o que vai garantir a longevidade da organização social e um crescimento exponencial de seus beneficiários.

Construindo laços de confiança: o caminho para um *networking* verdadeiro e eficiente

A seguir, vou apresentar as características que um empreendedor social de sucesso precisa desenvolver para fortalecer sua credibilidade e contribuir para a transformação da imagem do terceiro setor, evidenciando o verdadeiro valor que representamos para a sociedade:

- Esteja alinhado com seu propósito e mantenha o foco. Você será reconhecido pelo que faz.
- Tudo o que você se propuser a fazer, faça com excelência, ética, qualidade e transparência.
- Deixe que os outros falem sobre o seu trabalho — não apenas você. Quando sua atuação se destaca por um diferencial no projeto, as pessoas naturalmente começam a comentá-lo e a referenciá-lo sempre que o tema da sua causa é abordado. Isso acontecerá com o tempo, desde que a ética e a transparência estejam sempre presentes.
- Estar na mídia, quando o tema em pauta é a sua causa, gera autoridade. Sempre que possível, conceda entrevistas, participe de matérias jornalísticas, *podcasts* e produza conteúdo para as redes sociais. Afinal, quem não é visto, não é lembrado.

Uma boa imagem atrai novas oportunidades. Existem espaços de *networking* muito valiosos que só são acessíveis por indicação, e é justamente nesses ambientes que podem estar os contatos mais preciosos para o seu projeto. Para ser lembrado e recomendado, você precisa já ter construído uma reputação forte e reconhecida no seu setor.

Essa construção traz vantagens estratégicas para sua organização. Imagine que, em um evento de apresentação de projetos, uma empresa esteja disposta a fechar negócio. Se todos apresentam propostas parecidas, o que pode fazer com que você seja selecionado é justamente a imagem que você já construiu ao longo da sua trajetória.

Algo que aprendi nesses espaços profissionais de *networking* é o valor do posicionamento. Existem dois perfis comuns: o caçador, que busca apenas vantagens imediatas para si, e o agricultor, que foca no relacionamento e nas trocas, cultivando conexões sólidas. A analogia do **"caçador *versus* agricultor"** é frequentemente usada por **Ivan Misner**, fundador do BNI, para explicar os dois tipos de comportamento no *networking*. Esse segundo perfil — o do agricultor — é o que mais se destaca nas esferas profissionais.

Mesmo atuando no terceiro setor, com a intenção de encontrar novos investidores para nossos projetos sociais, temos muito a agregar para as empresas que se conectam conosco. Isso precisa estar claro nas conexões que construímos.

Fazendo *networking* dentro da esfera do terceiro setor

Existem diversos tipos de organizações sociais privadas sem fins lucrativos, atuando em diferentes nichos, com variados tamanhos, abrangência territorial e potencial de impacto. Enxergar essas organizações como concorrentes é um grande equívoco. Se lutamos por igualdade, justiça e direitos, não podemos nos colocar numa disputa por espaços ou patrocínios no setor privado. Essa visão, geralmente, parte de quem pouco conhece o universo de possibilidades na captação de recursos.

A construção de redes de apoio mútuo dentro do terceiro setor traz benefícios para todos os envolvidos. Por isso, a atividade de *networking* entre organizações sociais é fundamental para o processo de crescimento coletivo. Muitas vezes, fundações e ONGs maiores se tornam patrocinadoras ou lançam editais para apoiar iniciativas de menor porte — até mesmo projetos ainda não formalizados, mas conduzidos por coletivos e grupos comunitários.

Outro ponto importante dessas conexões é a possibilidade de prestação de serviços entre ONGs. Por exemplo, há alguns anos conheci o IDC (Instituto de Direito Coletivo), fundado por juristas comprometidos com a concretização dos direitos constitucionais. Entre os fundadores, destaco a simplicidade, ética e positividade da Dra. **Tatiana Bastos**, que atualmente ocupa a presidência do Conselho de Administração do IDC. Uma das finalidades dessa organização é oferecer assessoria jurídica gratuita a outras ONGs e aos seus beneficiários. Assim, um serviço que seria inacessível a pessoas de baixa renda tornou-se viável graças a uma rede local de *networking* entre organizações sociais.

Destaco, a seguir, alguns motivos para você fazer *networking* dentro da esfera do terceiro setor:

- Fortalecimento coletivo;
- Acesso a novas oportunidades de financiamento;
- Troca de conhecimento e boas práticas;
- Captação de recursos entre organizações;
- Troca de serviços e redução de custos;
- Maior visibilidade das causas;
- Indicações e ampliação da rede de contatos;
- Ampliação do impacto social.

Networking e propósito no terceiro setor

O *networking* com o terceiro setor é uma ferramenta importante para despertar a cultura de propósito nas pessoas. Enquanto muitas empresas estão preocupadas apenas com lucro e investimentos, o propósito e a essência da vida se perdem. O terceiro setor tem o compromisso de mostrar a importância de se pensar no outro, de lembrar a sociedade de sua responsabilidade sobre o lugar onde vivemos e da necessidade de se comprometer com as próximas gerações.

Falar de terceiro setor não é apenas falar sobre dinheiro e doações para projetos. É falar sobre um movimento humano, sobre compromisso coletivo, sobre enxergar a desigualdade e não se conformar com ela. É cultivar o senso de pertencimento e responsabilidade com a cidade, o país e o planeta.

Não cabe mais se preocupar só com o que é seu. Precisamos pensar no bem-estar coletivo e entender que somos seres que vivem em sociedade. E essa sociedade, infelizmente, está cada vez mais doente e perdendo seus valores. Não é possível que, no contexto em que vivemos hoje, ainda existam empresas ou pessoas que não tenham consciência da importância de cuidar do outro, de pensar de forma responsável sobre o meio ambiente, a saúde pública, a aplicação de recursos públicos — e que continuem pensando e agindo de forma individualista. Isso já está fora de moda!

Ao longo deste capítulo, procurei mostrar que o *networking* no terceiro setor vai muito além de uma estratégia de captação. Para mim, ele é uma ponte entre causas, pessoas e soluções. É o caminho que escolhi para ampliar o impacto do meu trabalho, criar conexões verdadeiras e ajudar a resgatar o sentido de viver em sociedade. Que cada laço que a gente construa seja também uma semente plantada por um futuro mais justo, mais humano e realmente coletivo.

SOBRE A AUTORA

Raquel Spinelli

Fisioterapeuta de formação, especialista em Saúde Pública pela Fiocruz e em Neurociência e Educação Infantil pela PUC-RS. Fundou a ONG Providenciando a Favor da Vida em 2011, após identificar a necessidade de intervenção social no acolhimento e rede de apoio de adolescentes e jovens grávidas.

luizmauriciojanela

luizmauriciojanela

www.globalopsi.com

Networking, *afinal, é um jogo de pessoas para pessoas. E, como em qualquer jogo, quem joga com paixão e estratégia sempre sai ganhando.*

Luiz Mauricio Janela

Empresário, Corretor de Seguros, Formado em Administração e MBAs em Marketing pelo IAG da PUC-Rio e Gestão pelo Coppead da UFRJ. Especialista em Riscos e Fundador das corretoras de seguros e planos de saúde Global Opsi e Fiduciam.

CAPÍTULO 7

COMO FORTALECER SUA REDE DE CONTATOS EM UMA ERA DE RELAÇÕES FRÁGEIS

Claro, todos sabemos: a era digital trouxe avanços incríveis para a comunicação, mas também revelou uma enorme fragilidade nas relações humanas. Apesar de estarmos mais conectados do que nunca, a qualidade dessas conexões muitas vezes deixa a desejar, podendo ser bastante superficial e esporádica. Nesse contexto, construir e fortalecer uma rede de contatos genuína e sustentável se tornou um diferencial fundamental para qualquer pessoa, seja qual for a sua área de atuação ou até mesmo pelo que chamo de "interesse desinteressado", aquele interesse autêntico pela relação em si, sem esperar algo em troca.

Networking vai muito além do simples acúmulo de contatos ou interações superficiais; trata-se de cultivar relações baseadas em confiança, empatia e colaboração. Sendo assim, o melhor perfil a ser fortalecido é o de fazendeiro, que se dedica a plantar e cultivar conexões, pois relações de longo prazo são a chave para o sucesso. Em contrapartida, o perfil de caçador busca apenas resultados imediatos, é pontual e não demonstra interesse genuíno pelo outro.

A ideia central do *networking* é simples: criar um ambiente de ganha-ganha. Ao oferecer apoio, conhecimento ou recursos, você gera um ciclo de reciprocidade que beneficia todos os envolvidos. Neste capítulo, abordo e exploro algumas estratégias práticas, reflexões e exemplos reais que ajudarão você a construir uma rede que não apenas resista ao tempo, mas que se perpetue e prospere em meio aos desafios do dia a dia.

Networking: uma habilidade intencional e planejada

Para começar, um ponto muito importante é ressaltar que *networking* não acontece por acaso. Deve ser uma prática intencional, que exige planejamento, dedicação e paciência. Muitas pessoas acreditam que construir uma rede de contatos é algo espontâneo ou meramente social, mas isso raramente corresponde à realidade. O sucesso depende de definir objetivos claros e alinhar suas ações para alcançá-los. Cada um de nós deve se perceber como uma empresa que precisa ter um planejamento estratégico estruturado. Afinal, como diz a piada: "Se eu não sei para onde vou, qualquer ônibus serve". Saber onde se quer chegar é fundamental para o sucesso.

O valor do tempo

Um dos maiores desafios do *networking* é a gestão do tempo. A vida moderna, com suas exigências constantes, muitas vezes nos dá a impressão de que não há espaço para cultivar relacionamentos. Entretanto, investir tempo nas pessoas certas é uma das decisões mais acertadas que alguém pode tomar.

Nem todos os contatos têm o mesmo peso ou propósito. Alguns são mais voltados ao aprendizado, outros oferecem apoio emocional ou oportunidades de negócios. Saber reconhecer essas diferenças ajuda a priorizar os esforços e a evitar dispersão.

O desafio das relações modernas

As relações interpessoais de hoje são bastante diferentes daquelas vivenciadas por gerações anteriores. Nossos avós, por exemplo, tinham um ritmo de vida mais lento, com interações mais constantes e profundas, enquanto os nossos pais já viveram em momentos mais acelerados. Hoje, somos bombardeados por informações e distrações a todo momento, o que reduz o tempo disponível para interações pessoais, tornando nossas trocas rápidas e muitas vezes superficiais.

Ainda assim, a modernidade também traz oportunidades únicas. As ferramentas digitais nos permitem manter contato com pessoas que, de outra forma, estariam fora do nosso alcance. A chave está em equilibrar a quantidade e a qualidade dessas interações, utilizando a tecnologia como um meio, e não como um fim.

Estratégias práticas para construir relações fortes

1. Aproveite o potencial das redes sociais

As redes sociais revolucionaram a maneira como nos conectamos. Elas oferecem uma plataforma poderosa para interagir com pessoas de diferentes contextos, mas exigem um uso estratégico para que sejam realmente eficazes.

No LinkedIn, por exemplo, publique regularmente *insights* relacionados à sua área de atuação, participe de discussões relevantes e interaja com o conteúdo dos seus contatos, ou seja, curta, comente e compartilhe. Já no Instagram e Facebook, você pode adotar uma abordagem um pouco mais pessoal, mostrando um equilíbrio entre sua vida profissional e seus interesses. O WhatsApp, por sua vez, é ideal para manter uma comunicação direta e personalizada, tanto usando as mensagens para contatos específicos, quanto para listas de distribuições e grupos. Funciona muito bem.

Vale uma ressalva, o conteúdo que for distribuído tem que ser estratégico, e devemos ter muito cuidado com temas que podem nos afastar dos nossos objetivos de criar relações fortes e duradouras. Portanto, pode ser importante evitar temas que mexem com muitas emoções, tais como política ou religião.

Falar sobre assuntos que dominamos é, sem dúvida, uma das melhores formas de nos comunicarmos de maneira eficaz. Sempre procuro manter uma interlocução positiva, buscando agregar valor às pessoas ao meu redor.

Adaptação às novas plataformas

Estar atento às tendências é essencial. Redes sociais como o TikTok, muitas vezes associadas ao público jovem, têm se mostrado ferramentas úteis para atingir diferentes faixas etárias e nichos. Mesmo que você não produza conteúdo para essas plataformas, compreender como elas funcionam e participar delas pode ampliar seu alcance e fortalecer sua presença digital.

Muitas das grandes empresas já estão presentes no TikTok, assim como as pessoas da sua rede de contatos e outras com as quais você gostaria de se conectar. Pense nisso.

Dica prática

Reserve um tempo semanal para revisar suas interações nas redes sociais. Pergunte-se: "Estou engajando com a minha rede da forma correta? Estou alcançando o público certo?". Ajuste sua estratégia conforme necessário, sempre focando na qualidade das conexões e no seu objetivo.

2. Eventos: o valor do contato pessoal

Participar de eventos é uma das maneiras mais eficazes de fortalecer sua rede de contatos. A interação pessoal, seja em eventos presenciais ou *online*, cria um impacto que dificilmente pode ser replicado apenas por meio de mensagens ou curtidas.

Em eventos presenciais, alguns pontos são essenciais para causar uma boa impressão: vestir-se de forma adequada à ocasião, ser pontual, ouvir atentamente antes de se expressar, evitar tentar vender o tempo todo e nunca esquecer o bom e velho cartão de visitas. Esses detalhes fazem toda a diferença na construção de relacionamentos e na criação de oportunidades.

Maximizando oportunidades

Para aproveitar ao máximo esses eventos, vá com um plano claro. Estude previamente os participantes, defina quem você gostaria de conhecer e prepare uma abordagem que demonstre interesse genuíno. Além disso, leve alguém da sua rede para acompanhá-lo; isso não apenas fortalece o vínculo entre vocês, mas também amplia as oportunidades de *networking*. Convidar alguém demonstra que você se importa e quer estar com aquela pessoa.

Um caso real

Certa vez, convidei um colega de outra atividade para me acompanhar a um evento de negócios. Chegando lá, ele viu uma pessoa da rede de contatos dele e me apresentou. Tratava-se de um executivo que estava buscando exatamente os serviços que minha empresa oferece. Essa interação gerou um ótimo contrato e reforçou a importância de fortalecer a rede de contatos e de cultivar conexões em todos os níveis.

3. Grupos de *networking*: sinergia e colaboração

Grupos de *networking* são ambientes ideais para trocar experiências, gerar negócios e aprender com outros profissionais. A chave para tirar o máximo proveito desses grupos é estar comprometido em agregar valor às pessoas que deles participam. Existem vários grupos que você pode conhecer e participar. Eu, particularmente, estou em três grupos, a saber:

BNI: contribuir para ganhar

O BNI, grupo do qual faço parte desde 2016, segue o princípio "Givers Gain", ou seja, em tradução livre, "Contribuir para Ganhar". A lógica é simples: ao ajudar colegas a alcançarem seus objetivos, você fortalece o grupo como um todo e, inevitavelmente, recebe apoio em troca. Um exemplo pessoal foi quando ajudei um colega a entrar em contato com um cliente estratégico que ele desejava. Alguns meses depois, esse mesmo colega me apresentou a um contato estratégico, cuja empresa acabou se tornando um importante cliente para o meu negócio.

Rede Petro RJ: fomentando a inovação

A Rede Petro RJ reúne empresas fornecedoras do setor de petróleo, gás e energia com o objetivo de promover negócios e inovação. Participar dessa rede me permitiu aprender sobre tendências do setor e construir parcerias estratégicas que elevaram minha atuação profissional.

LIDE: liderança com propósito

O LIDE é uma organização que reúne líderes empresariais de diferentes setores para compartilhar melhores práticas e promover governança ética. No LIDE, aprendi que liderança e *networking* andam de mãos dadas. Participar de encontros do grupo me ajudou a expandir minha visão sobre negócios e a aplicar essas lições em minha própria empresa.

4. Cultivando laços pessoais

Família e amigos não devem ser esquecidos quando falamos de *networking*. Essas conexões, muitas vezes vistas como "não profissionais", têm um impacto profundo em nossa capacidade de manter um equilíbrio saudável entre vida pessoal e carreira.

A importância dos gestos simples

Lembre-se de datas importantes, como aniversários e conquistas, e esteja presente nos momentos significativos. Pequenos gestos, como uma ligação ou uma mensagem de parabéns, mostram que você valoriza essas pessoas.

Planejamento e organização

Usar ferramentas organizacionais, como uma plataforma de CRM ou até um simples calendário digital, pode parecer uma abordagem corporativa para relações pessoais, mas elas ajudam a manter a consistência nos contatos e a garantir que ninguém seja esquecido.

Importante: muitas vezes, familiares e amigos não sabem sobre nossa atividade profissional e, por isso, acabam contratando de terceiros os serviços que oferecemos. Que tal mudar essa situação? Aborde o tema com eles, mostre o que você faz, e aproveite para conhecer melhor as atividades deles também. Essa troca pode revelar oportunidades valiosas de ajuda mútua. Afinal, é ótimo poder ajudar as pessoas que estão mais próximas de nós.

Medindo o sucesso do *networking*

Como saber se sua rede de contatos está funcionando? Aqui estão alguns indicadores importantes:

- **Reciprocidade**: as pessoas procuram você para pedir ajuda ou colaboração? Isso é um sinal de que confiam em você.
- **Oportunidades**: quantas novas conexões ou parcerias surgiram por meio da sua rede?
- **Engajamento**: sua presença é notada e valorizada em eventos e nas redes sociais?

Conclusão

Fortalecer a sua rede de contatos em uma era de relações frágeis é um investimento que exige dedicação, empatia e autenticidade. No entanto, os benefícios são imensuráveis, tanto para sua carreira quanto para sua vida pessoal. *Networking* não é apenas uma prática; é uma filosofia de vida baseada no apoio mútuo e no crescimento compartilhado.

Ao olhar para trás, percebo que as conexões que construí ao longo dos anos foram fundamentais na minha jornada até aqui, e sei que ainda me levarão muito mais longe. *Networking*, afinal, é um jogo de pessoas para pessoas. E, como em qualquer jogo, quem joga com paixão e estratégia sempre sai ganhando.

SOBRE O AUTOR

Luiz Maurício Janela

CEO da Global Opsi, graduado em Administração, com MBA em *Marketing* pela PUC-Rio e MBA Executivo pelo Coppead/UFRJ.

Especialista em seguros e planos de saúde, atua com foco na redução de custos e na melhoria das apólices. Com mais de 35 anos de experiência em vendas, gestão e desenvolvimento de negócios, atuou em empresas nacionais e multinacionais.

Tem perfil consultivo e é reconhecido pela ética, resiliência e construção de relacionamentos duradouros. Membro ativo do BNI Fiduciam e do LIDE Rio de Janeiro, grupos voltados ao fomento do empreendedorismo.

Adota o estilo "Think & Act", sempre orientado a resultados e parcerias sólidas. Um fã do *networking*.

joaoabreueditor, livrariainsight

João Abreu

Em vez de enxergar um novo contato apenas como um possível cliente — que, muitas vezes, faz uma única compra e não indica ninguém —, por que não explorar de forma mais ampla o potencial dessa relação?

João Abreu

Fundador da Livraria Insight. Editor, Consultor Editorial, *Ghostwriter*.

CAPÍTULO 8

NETWORKING COMO FERRAMENTA DE DESENVOLVIMENTO PESSOAL E PROFISSIONAL

"Como esse mundo é pequeno!"

É muito comum ouvir essa frase quando, em uma conversa, duas pessoas descobrem que têm um amigo ou conhecido em comum. De fato, o mundo está cada vez menor. Os avanços tecnológicos possibilitaram uma conexão global que, talvez, ainda não conseguimos entender. O mundo está conectado de tal forma que podemos vivenciar esse fenômeno nas mais simples rotinas do nosso dia a dia. Notícias de todo o mundo chegam instantaneamente pela internet e, em especial, pelas redes sociais. Um pequeno grupo de pessoas é capaz de influenciar milhões de outras. Aliás, a vida de uma pessoa pode mudar drasticamente (sempre esperando que para melhor) por causa de uma postagem nas redes sociais.

Tudo isso deixa o mundo menor.

Em 1967, o psicólogo Stanley Milgram conduziu um experimento que ficou conhecido como "Experimento do Mundo Pequeno". Seu objetivo era entender como as pessoas estavam conectadas dentro de grandes redes de relacionamentos interpessoais — muito antes do surgimento das redes sociais digitais como conhecemos hoje.

Para obter uma resposta, Milgram pediu que centenas de pessoas aleatoriamente selecionadas em diferentes cidades americanas tentassem fazer uma carta chegar a um destinatário específico: um corretor de ações em Boston. Mas havia uma regra. Essas primeiras pessoas deveriam enviar a carta apenas a alguém que conhecessem bem, com a instrução de que essa pessoa fizesse o mesmo até que a correspondência alcançasse o destino final. Obviamente, se alguma pessoa conhecesse o destinatário poderia enviar a carta diretamente a ele. Caso contrário, deveria enviar para alguém que conhecesse e que, em sua opinião, poderia estar mais próxima do alvo. Ou seja, uma pessoa deveria entregar a carta para alguém, que conhecia alguém, que conhecia alguém, que conhecia alguém... até chegar ao corretor de ações em Boston.

O resultado foi surpreendente: a maioria das cartas chegou ao destinatário com, em média, seis intermediários. Foi assim que nasceu a famosa teoria dos seis graus de separação, segundo a qual qualquer pessoa no mundo está conectada a qualquer outra por, no máximo, seis laços de relacionamento. Desde então, essa ideia tem sido amplamente discutida. E então fica a dúvida: será que esses graus de separação não diminuíram? Alguns estudos apontam que sim, que estamos entre 4 e 5 graus. A tendência é que continue diminuindo com a evolução tecnológica.

Veja o que diz Duncan J. Watts, no livro "Seis Graus de Separação" (2003):

"Imaginemos que tenho cem amigos, cada um deles também com cem amigos. Portanto, a um grau de separação, estou conectado a cem pessoas, e a dois graus posso contatar cem vezes cem, ou seja, dez mil pessoas. A três graus, chego a quase um milhão. A quatro, quase cem milhões; e, a cinco graus, cerca de nove bilhões de pessoas. Em outras palavras, se todos no mundo tiverem cem amigos, em seis passos posso contatar facilmente toda a população do planeta. Logo, é óbvio que o mundo é pequeno".

Então, o mundo é mesmo pequeno — e estamos mais próximos do que nunca. E se estamos tão conectados, tão próximos de pessoas que podem abrir caminhos e contribuir significativamente para nossa evolução, por que limitar uma nova conexão a uma tentativa de venda imediata? Em vez de enxergar um novo contato apenas como um possível cliente — que, muitas vezes, faz uma única compra e não indica ninguém —, por que não explorar de forma mais ampla o potencial dessa relação?

É justamente nesse contexto que quero abordar, neste capítulo, como o *networking* pode ir além de resultados financeiros diretos e imediatos, se tornando uma ferramenta de desenvolvimento pessoal e profissional que vai permitir um crescimento sustentável e a geração de ganhos consistentes.

Quando falo em desenvolvimento pessoal e profissional, não estou falando só de adquirir conhecimento ou aprender algo novo que possa ajudar no crescimento de um negócio — isso também é válido e muito importante. Mas me refiro, principalmente, a ter acesso a pessoas, ideias, experiências e oportunidades que podem transformar o rumo de uma trajetória. Às vezes, uma conversa na hora certa muda tudo. O desenvolvimento acontece quando ampliamos nossa consciência, nossa visão, e ganhamos novas referências. E o *networking* pode, e deve, ser o ponto de partida para tudo isso.

Por isso, nos próximos tópicos, vou compartilhar algumas dicas e estratégias que podem te ajudar a usar o *networking* como uma ferramenta real de crescimento e transformação.

Primeiro passo: mudança de *mindset*

Para explorar o *networking* como uma ferramenta de desenvolvimento, o primeiro passo é uma mudança de mentalidade sobre essa atividade.

Muita gente entende que o *networking* é uma solução para resultados imediatos. Não deixa de ser também, não é improvável que você vá a algum evento de *networking* e faça negócios. Mas não é só isso. A pessoa que fica pulando de evento em evento tentando vender, na minha visão, está subutilizando o poder do *networking*.

Meu convite é para que você amplie sua visão sobre a atividade de *networking*. Se você está precisando fechar vendas com urgência, use outras estratégias. Inclusive, pedir indicações para sua rede de contatos — quando você tem uma rede sólida que conhece o seu trabalho e confia em você — é uma ótima estratégia.

Pense no *networking* como uma carteira de investimentos. Às vezes, podem surgir oportunidades de ganhos rápidos, e será ótimo aproveitar essas oportunidades. Mas é importante ter investimentos de médio e longo prazo, com uma carteira diversificada. Esses ganhos podem não ser apenas ganhos financeiros, eles podem vir em forma de novas conexões e de conhecimento. Isso é o que vai te ajudar a se desenvolver pessoal e profissionalmente.

Reforce os elos de sua rede

O quanto você conhece bem as suas conexões e o quanto elas te conhecem? Provavelmente, existem pessoas na sua rede que você conhece há um bom tempo, mas não sabe exatamente com o que trabalham. Você não acha que a recíproca pode ser verdadeira? Será que essas pessoas sabem exatamente o que você faz? Se não sabem, como vão te indicar — ou até mesmo lembrar de você?

E aí entra um outro ponto importante: você sabe falar bem sobre o seu negócio?

Concordamos que um *pitch* de um minuto não é suficiente para que as pessoas conheçam você e a sua empresa, certo?

Por isso, é importante agendar reuniões individuais com suas conexões para explicar bem o que você faz. Fale sobre seu mercado, seu cliente ideal, destaque seus diferenciais, compartilhe suas metas e objetivos e comente sobre planos concretos — atenção para não perder a credibilidade falando sobre planos que nunca são executados.

Escute atentamente o outro lado. Procure entender as mesmas coisas: mercado, cliente ideal, diferenciais, metas e objetivos e planos concretos. Dessa forma, você estará muito mais preparado para fazer indicações assertivas e gerar valor para esse parceiro, que certamente retribuirá de alguma maneira.

Mas o grande benefício é que essa troca amplia seus horizontes. Procure olhar além das empresas de vocês. Olhe o mercado, estude o ecossistema de negócios. Será que vocês não têm clientes em comum? Descubra oportunidades de parcerias. Talvez um possa complementar o produto ou serviço do outro. Quem sabe essa troca gere até *insights* para novos negócios?

Sugiro que você faça um exercício simples: identifique os elos de sua corrente que estão quase quebrando e convide-os para uma reunião.

Faça um planejamento estratégico pessoal

Se você faz um planejamento estratégico para o seu negócio (e se não faz, deveria fazer), por que não fazer o mesmo com a sua vida pessoal e profissional?

Para isso, pense em questões como: onde você quer estar daqui a um ano? E daqui a cinco anos? Quais são os seus objetivos de crescimento? Quais competências você precisa desenvolver? Que tipo de pessoas, eventos ou experiências poderiam te aproximar disso?

Quando você tem essas respostas em mente, fica mais fácil saber onde investir seu tempo e sua energia. A gente costuma pensar em *networking* como algo meio solto, quase automático, mas quando ele passa a fazer parte de um planejamento, tudo muda. Você passa a fazer *networking* com propósito, e isso te ajuda a evoluir.

Hoje em dia, com tantos eventos, *lives*, encontros e palestras acontecendo o tempo todo, é comum sentir mais um dos fenômenos da sociedade moderna: o FOMO — *Fear of Missing Out*, ou, em português, o medo de ficar de fora. Esse sentimento faz com que a gente queira aceitar todos os convites e tente estar em todos os lugares ao mesmo tempo, como se fosse perder algo importante se não comparecer. Mas nem sempre estar presente é o mesmo que aproveitar. E, no *networking*, mais vale uma presença intencional do que mil participações desatentas, que, na maioria das vezes, não trazem nenhum resultado, nem a curto nem a longo prazo.

Por isso, escolha com cuidado os convites que recebe. Ter foco também significa dizer "não". Pergunte-se: esse ambiente pode me conectar com pessoas que fazem sentido para o momento que estou vivendo? Existe a chance de encontrar aqui a peça que está faltando no meu quebra-cabeça? Quando você seleciona os eventos com intenção, o retorno costuma ser mais produtivo e verdadeiro.

Enfim, fazer um bom planejamento estratégico pessoal é alinhar suas escolhas e ações com os seus objetivos. E o *networking*, quando usado de forma consciente e conectada com esse plano, pode se tornar um dos seus maiores aliados no caminho do crescimento.

Modele-se em quem já chegou lá

Na sua rede, provavelmente tem gente que já conquistou resultados que você deseja alcançar. E uma das formas mais inteligentes de evoluir é observar essas pessoas e modelar o que funciona. Modelar-se não é copiar, mas sim prestar atenção em como elas se comportam, como se posicionam, como tomam decisões e como lidam com os desafios. Quando a gente observa de perto alguém que já percorreu o caminho que a gente quer seguir, fica mais fácil encurtar o trajeto e evitar erros.

Outra coisa importante: valorize quem tem mais experiência. Tem gente que já passou exatamente pelas situações que você está enfrentando agora, e uma boa conversa pode trazer *insights* ou até soluções que você ainda não tinha considerado. Buscar conselhos de quem está na estrada há mais tempo não te diminui em nada. Pelo contrário, mostra maturidade e vontade real de crescer.

Por fim, faça *networking* dentro do seu próprio mercado. Troque ideias com pessoas da sua área, converse com quem enfrenta desafios parecidos, observe quem está performando bem. Inclusive os seus concorrentes — sim, com eles também. Você vai se surpreender em como eles estão dispostos a colaborar. Em vez de enxergá-los apenas como competidores, experimente enxergar como referência. Às vezes, o que você precisa está na forma como o outro se posiciona, cria valor ou se conecta com o público.

Quanto vale uma conexão?

Ao longo da vida, colecionamos contatos. Mas será que damos o devido valor? Ao fazer uma nova conexão, você tem a oportunidade de trocar visões de mundo, experiências e possibilidades. E essa troca, quando feita com consciência e propósito, pode gerar muito mais do que uma parceria ou um cliente. Muitas vezes, os momentos mais transformadores acontecem a partir de uma conversa. Uma frase, um comentário ou uma pergunta inesperada podem gerar um *insight* que muda completamente a forma como você enxerga um desafio, define seus objetivos ou até como gerencia o seu negócio.

É nesse movimento de troca — que deve ser intencional e verdadeira — que o *networking* se torna uma verdadeira alavanca de desenvolvimento. Quando você se conecta com alguém que vive outra realidade, enfrenta desafios diferentes ou enxerga o mundo por outro ângulo, você tem a oportunidade de rever seus próprios caminhos. Conexões verdadeiras ampliam seu repertório, provocam reflexões e, muitas vezes, te mostram possibilidades que você nem sabia que existiam. Mas, para isso, você precisa estar com a mente aberta e entender que o outro sempre tem algo a acrescentar.

O valor de uma conexão não está apenas no que ela entrega, mas no que ela desperta. Pessoas têm este poder: de transformar perspectivas — e, com isso, transformar destinos.

Espero que, com a leitura deste capítulo, você passe a enxergar o *networking* de forma mais ampla, mais humana e mais estratégica, e que comece a cultivar conexões que realmente façam sentido para a jornada que você quer construir.

Boas conexões geram grandes transformações!

SOBRE O AUTOR

Empresário, fundador da Livraria Insight, sócio e diretor comercial do escritório Arquitetura do Imaginário. Atua no mercado editorial há mais de 30 anos, e hoje se dedica à edição de livros, consultoria editorial e *ghostwriting*. Sua especialidade é ajudar líderes e empresários a transformar suas ideias e experiências em obras que fortaleçam sua reputação e impacto profissional. Graduado em Gestão de Comércio Exterior, possui pós-graduações em Comunicação e *Marketing* em Mídias Digitais e Administração Estratégica. É Empreteco (certificado pelo seminário Empretec, metodologia da ONU aplicada pelo Sebrae) e Comendador Mastermind, título concedido pela Fundação Napoleon Hill em reconhecimento à sua liderança e desenvolvimento pessoal. Atualmente, também é coordenador do Núcleo de Desenvolvimento Pessoal e Profissional do Clube Empreendedor Brasil.

lucydeccache

Lucy Deccache

Com estratégia e atitude, cada evento pode deixar de ser apenas mais uma agenda na sua semana e se tornar um ponto de virada na sua trajetória profissional.

Lucy Deccache

Especialista em Marketing, Comunicação Estratégica e Eventos.

CAPÍTULO 9

ESTRATÉGIAS PARA *NETWORKING* EM EVENTOS DE NEGÓCIOS

Networking é a arte de construir, desenvolver e manter relacionamentos profissionais que podem levar a oportunidades de crescimento, aprendizado e colaboração. Em eventos de negócios, onde especialistas, profissionais e empresas se reúnem com objetivos comuns, o *networking* é um dos elementos mais valiosos para aqueles que buscam expandir sua influência, compartilhar conhecimento e fortalecer sua posição no mercado. Independentemente do setor, o *networking* se tornou uma habilidade essencial, já que os contatos certos podem abrir portas para novos negócios, mentorias, parcerias estratégicas e até mesmo oportunidades de emprego.

A importância do *networking* é amplamente reconhecida em ambientes profissionais. Segundo a Forbes, cerca de 85% dos empregos são preenchidos por meio de redes de contato, e, de acordo com uma pesquisa do LinkedIn, 79% dos profissionais consideram o *networking* importante para avançar em suas carreiras. Estudos também mostram que quem investe em relacionamentos profissionais tem mais facilidade em acessar informações exclusivas do setor, antecipar tendências e encontrar suporte para enfrentar desafios específicos. Além disso, o *networking* pode aumentar a visibilidade pessoal, estabelecendo a pessoa como uma referência ou autoridade na sua área de atuação.

Eventos de negócios oferecem um ambiente ideal para a prática do *networking*. Em muitos casos, esses eventos incluem palestras, *workshops*, feiras, painéis de discussão e sessões de *networking* formal, onde os participantes são incentivados a trocar experiências e informações. Mas o *networking* em eventos não se limita apenas a momentos predefinidos; ele acontece durante toda a interação, seja nos intervalos entre as palestras, em discussões informais ou até mesmo na fila do café.

Como palestrante e mentora, trabalho diretamente com empreendedores e empresários no fortalecimento de suas marcas pessoais e corporativas, desenvolvendo estratégias de comunicação que os ajudem a se posicionar com mais clareza e confiança no mercado. Vou destacar aqui algumas dicas práticas que costumo compartilhar em minhas mentorias e que eu mesma uso quando participo de eventos de negócios como espectadora — desde como escolher os eventos certos até como criar conexões relevantes e adotar uma postura proativa.

Neste capítulo, quero te mostrar como o simples ato de estar na plateia pode se transformar em uma oportunidade poderosa de *networking*. Com isso, espero te ajudar a se destacar nesses ambientes e construir relacionamentos que realmente façam sentido para você e para o seu negócio.

Por que fazer *networking* quando você está na plateia?

Fazer *networking* enquanto se está na plateia é uma forma estratégica de construir relacionamentos em um ambiente com menos pressão para iniciar conversas. Para muitas pessoas, a ideia de abordar desconhecidos em eventos pode ser intimidadora. Nesse contexto, a posição de espectador oferece algumas vantagens:

1. Menos pressão, mais observação

Estar na plateia permite observar como os outros fazem *networking* e identificar boas práticas. É possível perceber como as conversas são iniciadas, que tipos de perguntas funcionam melhor e como os especialistas se posicionam. Essa observação é uma maneira prática de aprender antes de se sentir pronto para iniciar conversas.

2. Possibilidade de abordagens mais naturais

Conversas iniciadas na plateia tendem a ser mais naturais e menos forçadas, já que partem de um contexto comum, como a palestra assistida ou o conteúdo apresentado. Comentários sobre o que foi discutido são ótimos "quebra-gelos" e tornam a interação inicial mais confortável.

3. Maior facilidade para criar conexões verdadeiras

Quando você se aproxima de alguém como um participante da plateia, a interação muitas vezes é menos comercial e mais genuína. Isso facilita a construção de relacionamentos baseados em interesses e objetivos comuns, que podem se fortalecer com o tempo. Por exemplo, elogiar um palestrante sobre sua apresentação pode iniciar uma conversa sobre interesses comuns que, com o tempo, pode evoluir para um relacionamento mais profundo.

Como se preparar para fazer *networking* na plateia

Estar na plateia não significa ser apenas um espectador passivo. Com um pouco de preparação, esse momento pode se transformar em uma excelente oportunidade para criar conexões estratégicas, mesmo sem precisar estar no centro das atenções. Veja como se preparar para fazer um bom *networking* nessas situações:

1. Escolha os eventos alinhados aos seus interesses

O primeiro passo é escolher os eventos certos, alinhados aos seus interesses e objetivos. Considere eventos que ofereçam conteúdo relevante para sua área de atuação, onde você possa expandir seu conhecimento, ficar atualizado com as tendências do setor e se conectar com profissionais influentes.

2. Defina seus objetivos

Tenha clareza sobre o que deseja alcançar ao participar do evento. Seu objetivo é expandir a rede de contatos, encontrar potenciais parceiros, ou aprender mais sobre um tópico específico? Ter objetivos claros ajuda você a saber com quem conversar e sobre o que, tornando suas interações mais intencionais e produtivas.

3. Pesquise sobre o evento

Após fazer sua inscrição, busque informações sobre o evento. Analise a programação e as atividades planejadas, pesquise os palestrantes e se familiarize com os tópicos que serão abordados. Isso ajudará você a estar preparado e a aproveitar melhor as palestras e discussões.

Como aproveitar a plateia para fazer *networking*

Participar de eventos como membro da plateia é uma excelente forma de iniciar o *networking*, especialmente para aqueles que ainda estão desenvolvendo essa habilidade ou se sentem desconfortáveis em abordar diretamente outras pessoas.

A seguir, veja algumas estratégias e dicas práticas para aproveitar o momento como espectador e criar conexões relevantes:

1. Aprenda com os especialistas e converse com os participantes

Ao assistir a palestras e painéis, a plateia tem acesso direto ao conhecimento de especialistas e líderes do setor. Esse conteúdo pode ser usado como base para conversas com outros participantes, criando conexões a partir de interesses comuns. Por exemplo, após uma palestra sobre inovação tecnológica, você pode iniciar uma conversa sobre as novas tendências apresentadas, estabelecendo uma conexão imediata com outros profissionais interessados no tema.

2. Faça perguntas e comentários relevantes

Membros da plateia têm a chance de levantar perguntas ou fazer comentários durante sessões de Q&A (perguntas e respostas). Aproveitar esse momento para trazer questionamentos relevantes pode chamar a atenção de outros participantes e servir como ponto de conexão para conversas futuras. Além disso, ao participar de discussões, você se posiciona como alguém engajado e interessado, aumentando sua visibilidade e criando mais oportunidades de interação ao longo do evento.

3. Faça *networking* durante os intervalos e momentos informais

Os intervalos entre sessões são momentos preciosos para *networking*. Nessas pausas, os participantes têm a oportunidade de se aproximar de outros membros da plateia e compartilhar impressões sobre o conteúdo assistido. Conversas informais, muitas vezes iniciadas por um comentário simples, como "o que você achou da palestra?", podem evoluir para discussões aprofundadas e abrir portas para trocas de contato, parcerias profissionais ou até oportunidades de negócios.

4. Escolha seu lugar de forma estratégica

A escolha de onde se sentar também pode ser uma estratégia para o *networking*. Posicionar-se próximo de palestrantes ou moderadores pode facilitar a abordagem ao final da apresentação. Além disso, sentar-se ao lado de colegas de profissão ou representantes de empresas de interesse aumenta as chances de criar conexões valiosas durante o evento. Essa iniciativa não só proporciona uma oportunidade de interagir, mas também de ser percebido e reconhecido pelos demais participantes.

5. Utilize ferramentas digitais para acompanhar o evento

Durante o evento, é comum que haja *hashtags* específicas nas redes sociais ou aplicativos para interação. Use essas ferramentas para se conectar com outros participantes, compartilhar *insights* e se manter atualizado sobre o que está acontecendo no evento.

6. Participe de atividades interativas

Muitos eventos oferecem atividades interativas, como *workshops*, sessões de *brainstorming* ou discussões em grupo. Participe ativamente dessas atividades para expandir sua rede de contatos, compartilhar conhecimento e obter diferentes perspectivas.

Postura e comportamento adequados durante os eventos

Ao participar de um evento como membro da plateia, adotar uma postura profissional e adequada faz toda a diferença. Sua atitude pode impactar diretamente na forma como você é percebido e nas conexões que constrói. A seguir, elenco algumas diretrizes importantes:

- **Seja respeitoso**: demonstre respeito pelos palestrantes, organizadores, expositores e demais participantes. Ouça atentamente, evite interrupções e mantenha uma postura cordial em todas as interações.
- **Seja pontual**: chegue aos eventos no horário e esteja presente durante as sessões e atividades programadas. Isso demonstra comprometimento e respeito pelo tempo dos outros.
- **Vista-se adequadamente**: considere o código de vestimenta ou estilo do evento e vista-se de acordo. Mantenha uma aparência profissional e adequada ao ambiente.
- **Esteja aberto ao aprendizado**: mantenha a mente aberta e esteja disposto a aprender com os palestrantes e outros participantes. Valorize diferentes perspectivas e aproveite para expandir seus horizontes.
- **Seja acessível e receptivo**: mostre-se acessível para conhecer e interagir com novas pessoas. Um sorriso, contato visual e disposição para iniciar conversas podem ser o início de conexões valiosas.

Benefícios de um bom *networking* em eventos

Fazer *networking* enquanto se está na plateia é uma ótima maneira de construir conexões de forma natural, menos invasiva e com mais autenticidade. A prática constante e estratégica, aliada à observação e participação ativa, leva a resultados surpreendentes, ampliando sua rede de contatos e potencializando seu crescimento profissional. A seguir, destaco alguns dos principais benefícios de um bom *networking*:

Acesso a novas oportunidades: ao expandir sua rede de contatos, você tem a chance de descobrir novas oportunidades de negócios, como parcerias, vendas, projetos e até mesmo oportunidades de emprego.

Exemplo: um empreendedor pode conhecer investidores em potencial em um evento de *startups*, criando a chance de obter financiamento para o seu projeto.

Troca de conhecimento e ideias: o *networking* possibilita o compartilhamento de experiências e informações valiosas entre profissionais. Isso ajuda na solução de problemas, desenvolvimento de novas ideias e atualização sobre tendências de mercado.

Exemplo: em um evento de tecnologia, conversas com outros desenvolvedores podem fornecer *insights* sobre uma nova ferramenta que pode otimizar os processos da sua empresa.

Fortalecimento da marca pessoal e empresarial: participar ativamente de eventos de negócios ajuda a aumentar a visibilidade tanto da sua marca pessoal quanto da sua empresa, e ainda contribui para que você seja visto como uma referência no seu setor.

Exemplo: um consultor que participa de conferências e *workshops* sobre liderança pode se tornar mais reconhecido e procurado para futuras consultorias.

Geração de confiança e credibilidade: relacionamentos construídos por meio do *networking* tendem a ser mais sólidos, com base na confiança. Isso aumenta a probabilidade de parcerias duradouras e recomendações valiosas.

Exemplo: um fornecedor que tem um bom relacionamento com uma rede de varejo pode ser a primeira escolha para futuros contratos, graças à confiança estabelecida ao longo do tempo.

Com esses benefícios em mente, minha proposta é que você compreenda o valor estratégico do *networking* e se prepare para aplicá-lo de maneira intencional e mais eficiente em eventos de negócios, aumentando suas chances de sucesso.

Recursos *online* para pesquisa adicional e atualização

Buscar eventos relevantes e se manter atualizado sobre oportunidades de *networking* ficou muito mais fácil com a ajuda de plataformas *online*. A seguir, compartilho algumas plataformas que podem ser úteis para você descobrir eventos, acompanhar novidades e se conectar com palestrantes e outros participantes:

- **Eventbrite / Sympla** (www.eventbrite.com.br) / (www.sympla.com.br): plataformas que permitem pesquisar eventos por tema, cidade ou data, além de comprar ingressos e se inscrever para participar.
- **Meetup** (www.meetup.com): ideal para encontrar grupos e eventos presenciais ou *online* voltados a interesses comuns, como empreendedorismo, tecnologia, *marketing*, entre outros.

- **LinkedIn** (www.linkedin.com): a maior rede profissional do mundo também é usada para divulgação de eventos relevantes em diferentes áreas, além de facilitar conexões com participantes e organizadores.
- **Facebook Events** (www.facebook.com/events): uma ferramenta do Facebook que permite descobrir eventos próximos e se conectar com outras pessoas interessadas nos mesmos eventos.
- **Twitter** (www.twitter.com): acompanhe *hashtags* relacionadas a eventos e siga perfis de influenciadores e organizações que promovem eventos em sua área de interesse para se manter informado em tempo real.
- **Instagram** (www.instagram.com): além de seguir perfis de organizadores, palestrantes e empresas, você pode acompanhar os bastidores dos eventos e usar *hashtags* para descobrir encontros e tendências na sua área.

Conclusão

Participar de eventos como membro da plateia é uma oportunidade poderosa para impulsionar seu desenvolvimento profissional e pessoal. Quando você escolhe eventos alinhados aos seus interesses e objetivos, o potencial de aprendizado e de *networking* é significativo.

Ao se engajar ativamente durante as palestras, *workshops* e momentos de interação, você não apenas absorve novos conhecimentos, mas também cria a chance de construir relações que podem se tornar estratégicas ao longo do tempo. Uma presença atenta e proativa, com foco em estabelecer contatos relevantes e compartilhar experiências, contribui para a expansão da sua rede de relacionamentos, abrindo portas para novas oportunidades profissionais e de negócios.

Além disso, o ambiente dinâmico dos eventos favorece a troca de ideias e o surgimento de novas perspectivas, fundamentais para quem deseja inovar e crescer em sua área de atuação.

Portanto, prepare-se! Tenha clareza sobre o que busca e saiba como se posicionar. Com estratégia e atitude, cada evento pode deixar de ser apenas mais uma agenda na sua semana e se tornar um ponto de virada na sua trajetória profissional.

SOBRE A AUTORA

Lucy Deccache é especialista em *Marketing*, Comunicação Estratégica e Eventos, ajudando marcas e profissionais a se destacarem por meio de experiências únicas, impactantes e de um *networking* estratégico. Como mentora, orienta na construção de conexões autênticas e na ampliação de oportunidades de negócios.

sabrina.o.fea

Sabrina Fea

Não importa onde você esteja agora, sua próxima grande oportunidade pode estar a um contato de distância.

Sabrina Fea

Consultora de Recursos Humanos e Cultura Organizacional.

CAPÍTULO 10

COMO NUTRIR E QUALIFICAR SUA REDE DE CONTATOS — ACESSANDO O PRÓXIMO NÍVEL DO *NETWORKING*

Quando eu era adolescente, a pessoa que eu mais admirava era meu pai. Ele era minha referência de vida — um italiano, turrão, direto ao ponto, mas extremamente honesto. Apesar de sua maneira grosseira de falar, ele tinha algo que fazia as pessoas respeitarem e confiarem nele: sua sinceridade, às vezes até excessiva.

Meu pai era um homem muito bem relacionado. Ele conhecia pessoas de várias empresas, de diferentes setores, e sempre tinha amigos por perto. Na época, eu não entendia como alguém tão direto poderia construir uma rede de contatos tão ampla e sólida. O ser humano normalmente não gosta de pessoas muito sinceras, provavelmente você também não gosta. Mas, conforme fui crescendo, percebi que era justamente isso que o diferenciava dos demais. Ele dizia o que precisava ser dito, sem rodeios, mas com verdade. Não apenas isso. Ele me ensinou que, para manter as pessoas próximas, era preciso mais do que palavras certas; era necessário alinhar palavras e ações.

Lembro de um dia em que ele recusou uma proposta que parecia muito vantajosa financeiramente, mas que ia contra os valores dele. Ele olhou para mim e disse: "Filha, o dinheiro vai, mas sua palavra e sua honra ficarão eternamente na cabeça das pessoas. Escolha bem como quer ser lembrada". Essa frase ficou gravada em mim como um mantra para a vida toda. Foi naquele momento que entendi que viver com integridade é um ato de coragem. Quantas vezes somos tentados a abrir mão do que acreditamos para agradar alguém ou obter vantagens? Mas meu pai me mostrou que nada vale mais do que viver de forma verdadeira.

Aprendi que a base de qualquer relacionamento — pessoal ou profissional — é a confiança. Outra coisa que aprendi com meu pai ao longo da vida é que não bastava apenas ser bem relacionado, não era somente isso que fazia com que ele tivesse tantas pessoas ao seu lado. Com ele, comecei a entender que ouvir as pessoas era algo essencial, mesmo ele ouvindo da maneira italiana dele, quero dizer grosseira mesmo. Esse ponto eu aprimorei, claro. Ele sempre dizia: "Filha, a gente tem dois ouvidos e uma boca. Use sempre nessa proporção". Essa lição me transformou e continua me transformando todos os dias. Comecei a ouvir as pessoas de forma verdadeira, mesmo quando o que diziam não fazia muito sentido para mim naquele momento. Só o fato de alguém ser ouvido já faz com que ela se sinta importante. E foi isso que mudou profundamente minha forma de me conectar com as pessoas. Comecei a enxergar os relacionamentos interpessoais como algo muito além de trocas práticas; eram oportunidades de construir pontes, conexões duradouras. E isso aconteceu muito antes de eu entrar no mercado de trabalho.

Na minha pré-adolescência e adolescência, sempre tinham pessoas que vinham me pedir conselhos e dicas sobre assuntos aleatórios e isso fazia com que eu participasse de uma rede de pessoas diferenciadas para a minha idade. Muitas vezes, essas conversas eram sobre temas que eu mesma não entendia completamente, mas ao tentar ajudar, percebia que crescia junto com aquelas pessoas. Hoje, olhando para trás, entendo que Deus já estava moldando em mim a capacidade de me conectar com o próximo e fazer a diferença na vida das pessoas.

No mundo de hoje, estar no LinkedIn ou Instagram não é mais uma opção; é uma necessidade. Mas a chave para construir conexões valiosas nesses espaços é a autenticidade. Não adianta criar um perfil perfeito se suas interações são superficiais. Um comentário genuíno, uma mensagem personalizada ou uma recomendação podem ser a porta para grandes oportunidades. Seja intencional em todas as suas atitudes. No início, vai parecer meio mecânico, mas com o decorrer do tempo você estará fazendo conexões genuínas e automaticamente as pessoas chegarão até você.

Construir uma rede de contatos é como tecer uma rede de segurança. Cada fio é uma conexão, e juntos eles formam algo que te impede de cair, mesmo nos momentos mais difíceis. Quanto mais forte e bem cuidada essa rede for, maior será a sua capacidade de se levantar e continuar. Não pense no que você pode ganhar com seu *network*, e sim o que você pode agregar a cada pessoa que estiver lá. Um ciclo de *networking* bem-sucedido faz com que você consiga acessar o próximo nível. Hoje, com mais de 20 anos de experiência com gestão de pessoas e criação de cultura organizacional, eu vejo que um ciclo de *networking* é como se fosse uma empresa gigante, onde rola uma cultura. Parece até loucura, mas é real.

Eu sempre tive como hábito perguntar: "Como posso ajudar você hoje?". Essa frase simples abriu portas que eu nem sabia que existiam, porque mostra que você está disposto a dar antes de receber, lembre-se disso. Mas não faça nada pelos outros esperando algo em troca, você pode se decepcionar. O universo devolve. Eu sou cristã e tenho como base que devemos servir aos outros para sermos servidos, pelo menos eu tenho como uma das minhas missões servir. E colhemos o que plantamos.

Quando perdi meu pai eu já era adulta, com uma filha de 27 anos, a Giulia, e com dois casamentos que não deram certo na bagagem. A única herança que meu pai me deixou, e na minha opinião a mais valiosa de todas, foram os valores que ele me ensinou. Ele me mostrou, desde cedo, que a verdade nas relações é um diferencial inigualável, e essa lição moldou quem eu sou — não apenas como pessoa, mas como profissional.

Outro momento que marcou muito a minha vida, além da perda do meu pai, foi o término do meu último relacionamento de mais de duas décadas. Os dois acontecimentos ocorreram praticamente ao mesmo tempo, com um intervalo de apenas um mês entre um e outro. De uma só vez, fiquei sem referência masculina: primeiro, o marido e, logo em seguida, meu pai. E foi nesse momento que eu precisei encarar uma verdade difícil: será que os relacionamentos que eu tinha construído ao longo da vida eram realmente sólidos? Será que o meu *networking* tinha força ou se desfaria diante da adversidade? Esse foi o momento mais desafiador da minha vida. As duas maiores figuras de apoio se foram. E aí, além de ser testada emocionalmente, tive que procurar apoio e força na minha rede de relacionamentos — ela seria testada.

Enquanto enfrentava esses desafios pessoais, decidi reerguer-me investindo em mim mesma. Participei de mentorias, cursos e treinamentos e conheci vários mentores que me mostraram novas perspectivas. Sentar à mesa com pessoas que tinham ideias prósperas e que sonhavam grande exatamente como eu fez total diferença. Uma lição valiosa que tive nesse processo com um dos meus mentores foi: "Sonhar pequeno e sonhar grande dá o mesmo trabalho. Então, se você vai sonhar, sonhe grande, porque sonhar pequeno pode acontecer". E foi exatamente isso que eu fiz. Sonhei grande e levei minha rede comigo. Essa frase ecoava na minha mente como um lembrete constante de que eu tinha o direito — e o dever — de sonhar grande. Não apenas por mim, mas pelas pessoas que dependiam de mim e acreditavam no meu potencial.

Descobri que não tinha apenas amigos, mas uma rede forte que me sustentava com firmeza, como uma rocha. Essas pessoas me fizeram ficar de pé quando tudo parecia ruir. Eu me agarrei aos meus relacionamentos e, graças a Deus, me considero firme até hoje. Isso não quer dizer que não posso cair de novo, mas sei que vou me reerguer todas as vezes — e mais forte — por conta de vários fatores, e, sem dúvida, os relacionamentos que construí também me ajudarão sempre que eu precisar.

Cada pessoa que esteve ao meu lado nesse processo tinha um papel específico. Alguns trouxeram palavras de conforto, outros soluções práticas, e outros simplesmente estavam presentes — e só isso já bastava. Esse é o poder do seu *network*: as pessoas deixam de ser somente "*work*" e viram "*family, friends or just alliens*".

Percebi que minha rede de contatos é, na verdade, um reflexo dos meus valores e da maneira como escolho viver. Quanto mais eu me conectava com pessoas que compartilhavam da minha visão de ética e verdade, mais oportunidades surgiam. Não era apenas sobre contatos, mas sobre construir pontes que me levassem ao meu propósito. Muitas dessas conexões surgiram em momentos inesperados, como um simples almoço ou um evento social. Descobri que o segredo de um *networking* de sucesso é a disposição de se conectar com o coração aberto, sem reservas ou expectativas irreais.

Foi graças a essa rede que, em 2016, me tornei *co-founder* de uma das maiores *startups* do Brasil no ramo de vendas, a Growth Machine, junto com um sócio — na época, meu marido. Fiquei responsável pela parte administrativa e financeira, e as dúvidas eram inúmeras. Quais processos devo seguir? Qual profissional será da minha confiança para fazer a parte contábil da empresa? Será que eu saberei fazer toda essa parte sozinha? Claro que não.

Eu precisava de alguém de confiança, que fosse meu braço direito para todos os processos burocráticos. Meu sócio e eu nunca havíamos aberto uma empresa dessa magnitude. Foi então que voltei à minha rede de contatos. Mesmo não conhecendo nenhum contador diretamente, cheguei até uma amiga que trabalhava no ramo de varejo, a Vanessa Heeren. No início, ela fazia parte da minha rede de *networking*, hoje, somos quase irmãs. Perguntei se ela conhecia alguém que fosse honesto e trabalhasse de maneira correta, sem burlar o sistema. BINGO. Ela me indicou um profissional e esse contador ficou conosco por quase cinco anos, até que, por conta do crescimento da empresa, passamos a precisar de um escritório de contabilidade com porte maior e com mais experiência.

Esse foi um exemplo clássico de como uma rede de contatos sólida pode transformar ideias em realizações. Quando você tem uma rede confiável, parcerias e negócios acontecem com naturalidade.

Um dos maiores aprendizados que tive ao longo da vida é que o sucesso não depende apenas do que você sabe, mas de quem você conhece. E, muitas vezes, de quem conhece você. Tive a oportunidade de aprender isso com mentores incríveis, que, com suas histórias de vida, me mostraram que as pessoas certas podem encurtar o caminho para os nossos sonhos. Um de meus mentores, por exemplo, me disse algo que nunca esqueci: "Sozinho você pode até ir mais rápido, mas acompanhado você vai muito mais longe". Essa frase mudou minha forma de ver minha rede de contatos, e eu percebi que, para crescer, precisava continuar expandindo meu círculo.

As conexões mais valiosas nem sempre estão ao nosso alcance imediato. É preciso sair da bolha, participar de eventos, conversar com pessoas que, à primeira vista, parecem que não têm nada em comum conosco. Algumas das conexões mais importantes da minha vida vieram de lugares inesperados. E sim, você precisa estar em novos ambientes para ser visto. Quem não é visto, não é lembrado — já diz o ditado.

Minha jornada não foi fácil, mas foi rica em aprendizado. E minha mensagem para você é simples: não importa quantas vezes você caia, sua rede de contatos pode ser a mão que te ajuda a levantar. Invista nas pessoas certas, cultive relacionamentos de verdade e veja sua vida atingir níveis que você nunca imaginou.

Quero deixar aqui uma reflexão para você: hoje, quais são os cinco contatos mais importantes na sua vida? Quando foi a última vez que você fez algo por eles, sem esperar nada em troca? Que valores você compartilha com essas pessoas? Quem você precisa conhecer para alcançar seu próximo objetivo?

Parece besteira, mas se você não tem essas respostas, eu te aconselho a colocá-las em um papel e, de vez em quando, revisitar essa informação e atualizá-la. A gente tem a mania de gravar as coisas na cabeça, mas quando colocamos no papel, ou em um bloco de notas no computador, as coisas acontecem. Falo isso por experiência própria. Faça o teste, e depois compartilhe comigo.

Quando você tiver essas respostas, você já terá o próximo passo para criar uma rede de *networking* sólida. E, de verdade, lembre-se: você só não está onde você quer porque ainda não conhece a pessoa certa para te ajudar a chegar lá.

Pare e pense: quantas vezes você deixou uma oportunidade passar por medo de se conectar com alguém? Eu já fiz isso, e hoje sei que o arrependimento de não tentar é muito maior do que qualquer rejeição.

Você não precisa de milhares de conexões; precisa das conexões certas. E não se preocupe, com o tempo você saberá quem são as pessoas certas e quem são as erradas. Às vezes, até as pessoas erradas vão te ajudar ou ensinar algo importante no processo. Por isso, no início, não descarte ninguém. Aprenda a administrar sua rede de contatos, pois ela vale muito mais do que qualquer conta bancária — e os juros ainda são compostos.

Eu mesma sou a prova de que uma rede forte pode transformar vidas. Não importa onde você esteja agora, sua próxima grande oportunidade pode estar a um contato de distância. Mas lembre-se: o *networking* não é sobre você, é sobre o que você pode construir com os outros. Então, seja intencional, seja verdadeiro e veja como sua rede pode te levar mais longe do que você jamais imaginou.

Não posso deixar de falar o quanto utilizei da minha fé para passar por vários processos na minha vida. Sempre tratei meus parceiros e colaboradores com integridade, e acredito que isso fez toda a diferença na construção da minha rede de contatos. A Bíblia diz que devemos fazer tudo como se estivéssemos fazendo para Deus, e esse princípio me guiou em cada decisão, especialmente nas parcerias que construí.

Acredito que todo mundo que está próximo de mim tem um propósito já definido. Muitas vezes, não sei qual é — e nem quanto tempo aquela pessoa estará inserida no meu *networking* —, mas tenho certeza de uma coisa: as pessoas que você conhece sabem de algo que você não sabe, e podem reduzir o seu tempo de aprendizado em alguma área.

Entendi que minha rede de contatos é mais do que uma estratégia; é uma forma de cumprir o propósito que Deus tem para a minha vida. As pessoas que Ele coloca no meu caminho têm um papel importante, seja para me ensinar, para crescer junto comigo ou para me ajudar a alcançar novos horizontes, mesmo que eu não compreenda isso no momento. E minha oração é que eu também seja uma bênção na vida dessas pessoas — e na sua, que está lendo este capítulo.

Agora, levante dessa cadeira e envie uma mensagem para pelo menos dez contatos. Diga que se lembrou deles, deseje um feliz aniversário, dê os parabéns pelo novo cargo, ou apenas pergunte como vai a família. Você verá como a mágica acontece: sua rede de contatos vai parecer que ganhou vida. Movimento gera movimento, e as oportunidades vão aparecer como se fosse mágica.

SOBRE A AUTORA

Sabrina Fea

Especialista em gestão de pessoas, cultura organizacional e liderança, com mais de 20 anos de experiência. Formada em Gestão de Recursos Humanos pela UNESA, com especializações em PNL. Apaixonada por pessoas, ajudou diversas empresas a reduzirem a rotatividade e aumentarem seus resultados alinhando valores e propósito. Cofundadora da Growth Machine, ajudou empresas a crescerem por meio de conexões verdadeiras e saudáveis. Movida pela fé cristã, escreve sobre recomeços, coragem e verdade. Seu lema é: "Cairei sete vezes, mas me levantarei oito — e nada neste mundo irá me parar".

marcio.cerbella

marciocerbella

www.emecf.com.br

Histórias também conectam pessoas, tornam a mensagem mais humana e criam empatia. Ao compartilhar momentos marcantes da minha trajetória, inspiro audiências ao narrar como meus erros me ensinaram a abraçar o inesperado, transformando cada desafio em aprendizado e movimento.

Márcio Cerbella

Diretor de sorrisos, Palestrante, Master Coach, Mentor, Escritor e Conteudista na EMECF Educação Empreendedora.

CAPÍTULO 11

COMO CRIAR UMA MARCA PESSOAL AUTÊNTICA E ESTABELECER CONEXÕES SIGNIFICATIVAS

Criar uma marca pessoal autêntica e estabelecer conexões significativas é uma habilidade essencial no universo do *networking*. Neste capítulo, apresento maneiras de usar ferramentas como *pitch*, *storytelling*, comunicação não violenta (CNV), autoestima e empatia para ajudar você a fortalecer suas relações e se posicionar de forma impactante em qualquer ambiente de *networking*, seja *online* ou presencial.

Nas palestras que ministro para jovens empreendedores, costumo contar uma história marcante: como transformei uma crise financeira em uma oportunidade ao criar soluções inovadoras para meus clientes. Foi nesse momento que desenvolvi o que chamo de "jeito Cerbella" de encarar desafios — com criatividade, empatia e atitude.

Para expressar esse modelo que desenvolvi ao longo da minha trajetória, costumo usar um *pitch* que resume não só o que eu faço, mas também como penso: "Eu sou Márcio Cerbella, Palestrante e *Coach* Fora do Normal. Ajudo pessoas e empresas a descobrirem o potencial que nem elas mesmas sabiam que tinham".

Esse *pitch*, construído com criatividade e autenticidade, desperta interesse, gera identificação e costuma abrir portas para conversas mais profundas. Quando bem construído, um *pitch* não é apenas uma apresentação, pode ser o início de conexões significativas.

Histórias também conectam pessoas, tornam a mensagem mais humana e criam empatia. Ao compartilhar momentos marcantes da minha trajetória, inspiro audiências ao narrar como meus erros me ensinaram a abraçar o inesperado, transformando cada desafio em aprendizado e movimento. Em uma ocasião, brinquei que "Cerbella" poderia muito bem significar "cérebro acelerado", devido à minha habilidade de pensar rápido em situações difíceis. Essa descontração quebra barreiras e abre espaço para diálogos autênticos.

Contar histórias é mais do que uma técnica de comunicação; é uma forma de se conectar e mostrar vulnerabilidade e competência, qualidades fundamentais para construir confiança.

A importância da primeira impressão em um relacionamento profissional

A primeira impressão em um relacionamento profissional é como a fundação de um edifício — ela sustenta tudo o que vem depois. Estudos mostram que as pessoas formam julgamentos em questão de segundos, e esses julgamentos podem persistir ao longo de toda a interação. Uma primeira impressão positiva não apenas abre portas, como também cria um ambiente propício para o diálogo construtivo, a colaboração e a construção de confiança.

Veja, a seguir, como esse primeiro contato pode influenciar diretamente a forma como suas relações profissionais se desenvolvem:

Confiança instantânea: uma primeira impressão positiva estabelece confiança rapidamente, criando uma base sólida para desenvolver um relacionamento profissional duradouro.

Abertura à cooperação: causar uma boa primeira impressão aumenta a disposição do outro em se abrir para interações mais profundas, gerando mais receptividade e trocas de valor.

Percepção duradoura: a forma como você é percebido no início tende a influenciar como será lembrado ao longo da relação, impactando diretamente futuras oportunidades e negociações.

Conexão mais rápida e fluida: quando você começa bem, o relacionamento tende a se desenvolver de forma mais leve e fluida, facilitando a troca e economizando tempo dos dois lados.

Comunicação verbal na primeira impressão

A comunicação verbal é um componente crítico na formação da primeira impressão. O tom de voz, a escolha das palavras e o ritmo da fala transmitem muito mais do que apenas informações – eles comunicam confiança, competência e intenção. Estudos mostram que um tom de voz calmo e controlado é percebido como mais confiável e competente, enquanto um ritmo de fala moderado é associado a maior credibilidade.

Em uma primeira conversa, é fundamental adaptar sua linguagem ao perfil do interlocutor, demonstrando atenção e empatia com sua posição. Começar com uma pergunta aberta ou uma declaração que demonstre interesse genuíno pode ajudar a estabelecer rapidamente uma conexão positiva. Lembre-se, o objetivo não é apenas transmitir informações, mas criar uma atmosfera de colaboração e respeito mútuo desde o início.

Comunicação não verbal na primeira impressão

A comunicação não verbal desempenha um papel crucial na formação da primeira impressão, muitas vezes superando as palavras em termos de impacto. Estudos indicam que até 93% da comunicação é não verbal, incluindo expressões faciais, gestos, postura e entonação. Em um ambiente de *networking*, estar atento a esses sinais pode fornecer *insights* valiosos sobre as intenções e emoções da outra parte, além de ajudar a projetar confiança e credibilidade.

Pequenos gestos podem reforçar sua marca pessoal e fortalecer a conexão com quem está do outro lado. A seguir, alguns sinais não verbais que fazem a diferença logo nos primeiros segundos de uma interação:

Aperto de mão: um aperto de mão firme e caloroso transmite confiança e abertura.

Expressão facial: um sorriso sincero cria uma atmosfera positiva e acolhedora.

Postura: uma postura ereta e aberta indica confiança e receptividade.

Contato visual: o contato visual apropriado demonstra interesse e sinceridade.

O poder do *pitch* e do *storytelling* no *networking*

Imagine que você tem apenas 30 segundos para causar uma boa impressão. É nesse momento que entra o *pitch* — uma apresentação concisa e impactante sobre quem você é e o que faz. No entanto, um bom *pitch* não se limita a palavras bem escolhidas. Ele deve refletir sua essência, destacar sua autenticidade e deixar claro o valor que você entrega.

Um exemplo prático seria:

"Eu sou Ana, especialista em marketing *digital. Minha paixão é ajudar pequenas empresas a alcançar grandes resultados* online. *Recentemente, colaborei com uma loja local e, em três meses, conseguimos dobrar as vendas por meio de estratégias digitais inovadoras."*

Observe como essa apresentação é curta, clara e inspiradora.

O *pitch* se torna ainda mais poderoso quando combinado com o *storytelling*. Contar uma história – especialmente uma que envolva superação, aprendizado ou sucesso – cria conexão emocional com o ouvinte. As pessoas lembram de histórias porque elas despertam emoções e criam empatia.

Roteiro para usar *pitch* e *storytelling* no *networking*:

1. Escreva um *pitch* que destaque suas habilidades e paixões;

2. Escolha uma história marcante que exemplifique seu valor ou sua essência;

3. Pratique combinando os dois, iniciando com o *pitch* e finalizando com a história;

4. Use essas ferramentas em eventos ou reuniões para capturar a atenção e criar conexões duradouras.

A comunicação não violenta (CNV) como base para relacionamentos significativos

Desenvolvida por Marshall Rosenberg, a Comunicação Não Violenta (CNV) é uma abordagem de comunicação que promove empatia e compreensão mútua. No contexto do *networking*, ela pode ser usada para criar diálogos mais significativos e resolver conflitos de forma construtiva.

Essa metodologia se baseia em quatro etapas: **observação, sentimento, necessidade e pedido**. Imagine uma situação em que você precisa expressar insatisfação com uma colaboração que não está funcionando. Em vez de acusar, você pode dizer: "Percebi que algumas tarefas não foram entregues no prazo (observação). Isso me deixou preocupado (sentimento), porque precisamos cumprir nossos compromissos (necessidade). Você acha que podemos planejar juntos uma forma de evitar isso no futuro? (pedido)".

Esse tipo de comunicação evita reações defensivas e cria espaço para um diálogo aberto e produtivo.

Roteiro para usar CNV no *networking*:

1. Identifique uma situação em que a comunicação clara seja essencial;

2. Planeje como você descreverá os fatos, sem julgamentos;

3. Expresse seus sentimentos e necessidades de maneira respeitosa e verdadeira;

4. Faça um pedido específico, que seja viável e realista;

5. Pratique a escuta ativa, buscando compreender o ponto de vista do outro.

Autoestima e empatia: alicerces do *networking*

A autoestima é a base de uma presença confiante e inspiradora. Quando você acredita em si mesmo, isso transparece em suas interações. A empatia, por outro lado, é a habilidade de se colocar no lugar do outro, compreendendo suas emoções e necessidades. Juntas, autoestima e empatia formam uma combinação poderosa para estabelecer conexões genuínas e duradouras.

Imagine a seguinte situação: você conhece alguém em um evento de *networking*. Com autoestima elevada, você aborda a pessoa com confiança, apresenta seu *pitch* e ouve com atenção o que a pessoa tem a dizer. A empatia entra em ação quando você faz perguntas genuínas sobre os interesses dela, mostrando que realmente se importa.

Roteiro para desenvolver autoestima e empatia:

1. Reforce sua autoestima listando suas conquistas e qualidades antes de eventos importantes;
2. Pratique o diálogo interno positivo, lembrando-se de que você tem muito a oferecer;
3. Durante conversas, concentre-se em ouvir ativamente, sem planejar sua resposta enquanto o outro fala;
4. Valide as emoções do outro com frases como: "Entendo como isso pode ser desafiador";
5. Termine a interação com um gesto de apoio, como oferecer ajuda ou compartilhar um recurso útil.

Integração das ferramentas: a construção de relacionamentos impactantes

Ao combinar *pitch*, *storytelling*, comunicação não violenta (CNV), autoestima e empatia, você desenvolve uma abordagem completa para o *networking*. Por exemplo: ao chegar a um evento, comece com um *pitch* cativante para se apresentar. Use o *storytelling* para enriquecer a conversa, compartilhando experiências que demonstrem seus valores e conquistas. Aplique a CNV em situações mais delicadas, como ao discutir parcerias ou resolver mal-entendidos. E, acima de tudo, confie na sua autoestima para abordar pessoas com segurança e pratique a empatia para construir conexões que realmente façam sentido — e que tenham potencial de durar.

Exemplo inspirador: Yohans, um jovem empreendedor, costumava se sentir inseguro em eventos de *networking*. Após aprender essas técnicas, ele reformulou sua abordagem. Em um encontro, apresentou-se com um *pitch* claro, contou a história de como sua *startup* impactou positivamente uma comunidade local e usou os princípios da CNV para lidar com um possível conflito sobre prazos de entrega em uma parceria. Sua empatia e postura confiante fizeram com que ele deixasse o evento com três novas conexões valiosas e uma proposta de parceria comercial.

O caminho para o *networking* autêntico

Praticar o *networking* autêntico é construir relacionamentos que enriquecem sua vida pessoal e profissional. Ao dominar o uso do *pitch*, do *storytelling*, da CNV, da autoestima e da empatia, você transforma a maneira como se conecta com as pessoas, fortalece sua marca pessoal e gera um impacto positivo e duradouro.

Pratique essas habilidades diariamente. Inspire-se em histórias de sucesso, como a de Yohans, e lembre-se de que o verdadeiro poder do *networking* está em ser autêntico, ouvir com atenção e buscar sempre criar valor para os outros.

SOBRE O AUTOR

Márcio Corbella

Palestrante, mentor, *master coach* e especialista em empreendedorismo e inovação, com décadas de experiência transformando sonhos em realidade. Apaixonado por ajudar pessoas a romper barreiras e encontrar seu propósito, ele usa sua vivência em inovação, criatividade e desenvolvimento pessoal para inspirar uma nova geração de líderes. Autor do livro *Seja Fora do Normal*, é reconhecido por sua abordagem prática e autêntica na educação empreendedora, criando ferramentas e metodologias que têm impactado vidas e impulsionado negócios.

maurowainstock

É prioritário entender e valorizar quem você realmente é! Seu sobrenome é a sua marca, seu valor, seu potencial. Suas histórias e vivências são pessoais, ímpares e intransferíveis.

Mauro Wainstock

16º influenciador MUNDIAL em Diversidade e Inclusão, LinkedIn TOP VOICE, colunista da EXAME e consultor sobre Turnover e Comunicação Intergeracional.

CAPÍTULO 12

COMO CONSTRUIR REPUTAÇÃO PARA INFLUENCIAR A SUA REDE DE CONTATOS

Sinto informar, mas o *networking* está obsoleto! Explico: não adianta estabelecermos relacionamentos pensando exclusivamente nos objetivos que nós temos. Não é eficaz criarmos uma conexão pelo simples achismo de que aquele profissional pode nos ser útil brevemente.

Isso é apenas interesse; não é genuíno!

O foco não deve estar no seu "eu", mas no entendimento de que alcançar a sua meta será uma consequência da ajuda que você oferece. E não necessariamente àquele profissional com o qual queremos nos relacionar. Muitas vezes, o benefício chega de forma indireta, através de recomendação espontânea. E isso tem muito mais valor.

Percebendo isso, o consultor americano Robert Littell realizou vários estudos sobre o tema e cunhou a expressão *"netweaving"*.

O termo é uma mudança de paradigma. No livro "The heart and art of netweaving: building meaningful relationships one connection at a time", Littell detalha esse conceito: *"O netweaving é centrado no outro, enquanto o networking é autocentrado"*. A ideia é que a contribuição para o outro não esteja atrelada à expectativa de prazos. Em resumo, a pergunta que deve ser feita é: "Como posso te ajudar agora?". E só. Pare por aí!

Se, por um lado, é gratificante a satisfação pessoal de quem disponibiliza a contribuição através do *netweaving*, por outro há uma reação mágica e intensa na mente daquele que foi beneficiado de forma real — que se sente na obrigação de retribuir de alguma forma, em algum momento. A vontade do retorno, sem data prevista, é proporcional ao quanto você conseguiu ter sido útil, generoso e impactado positivamente. E, muitas vezes, esse retorno é bem maior do que você imaginou.

Robert Littell destaca que a aplicação do *netweaving* é extremamente mais eficaz para criar relacionamentos duradouros, permitindo fortalecer a reputação e a marca profissional de forma sólida e orgânica.

Gutemberg Macêdo, autor do livro "Guia de sobrevivência corporativa", também corrobora com esse pensamento. E vai além: "*O* netweaving *representa um avanço significativo na construção de uma rede de relacionamentos, pois incentiva o cultivo de amizades verdadeiras, saudáveis, positivas, construtivas e divorciadas de interesses puramente egoístas e materialistas*".

Neste mundo corporativo, povoado de decisões solitárias, disponibilizar seu conhecimento e suas experiências para outros profissionais é uma atitude tão sensata quanto produtiva. Nesse sentido, o *netweaving* aparece como oportunidade de propiciar trocas bilaterais, gerar *insights*, acelerar a evolução pessoal e profissional e, claro, incrementar relacionamentos e negócios. E isso é valioso para os envolvidos.

Cada um de nós tem vivências únicas e histórias exclusivas que devem ser compartilhadas. Todos nós temos muito a aprender e a ensinar.

Então... vamos aplicar o *netweaving* na prática?

Mas antes disso... vou te fazer uma provocação: quem você é sem o seu sobrenome corporativo?

Sabe aquelas siglas, números e nomenclaturas? Já era.

Sabe aqueles fornecedores que te procuravam insistentemente? Sumiram.

Sabe aquela equipe que você liderava? Esquece.

Sabe os benefícios que a empresa propiciava? Desapareceram.

Sabe aquela estrutura tecnológica que você usufruía? Evaporou.

Sabe aquela verba de *marketing* com várias casas decimais? Não existe mais.

Parece assustador. E é. O que você pretende fazer? Como vai se comportar diante de um mercado que é íntimo de seu cargo, mas nem sabe seu sobrenome? Que história você vai passar a contar quando sair da empresa?

Como você vai enfrentar o competitivo e desafiador mercado de trabalho, até então desconhecido, e com o qual você só vai se deparar, e se preocupar, depois que sair do ambiente ritmado e "seguro" a que está acostumado?

Como vai conseguir se diferenciar?

Até aqui, em sua carreira, você trabalhou para ser disputado pelo mercado ou apenas atuou para entregar resultados para sua empresa? "Sua empresa"? Como assim? E o que fazer quando essa empresa não for mais "sua"?

Você vai tentar se recolocar ou empreender? Eis a questão! Ou melhor, uma delas. Além de definir o "o que" ainda tem o "como fazer". Seja ambidestro profissional, execute planos paralelos hoje!

O filósofo Eric Hoffer destacou, em seu livro "Reflections on the human condition", a necessidade de sermos eternos aprendizes: "Em um tempo de mudanças drásticas, são os que aprendem que irão possuir o futuro". A obra foi impressa em 1973. Ele era um visionário.

Costumo dizer que devemos aprender com tudo e com todos. O tempo todo. Você acredita que sua experiência, competência técnica e formação acadêmica serão suficientes neste novo universo? Já fez cursos para aprimorar suas *soft skills*?

Mas você realmente acha que isso vai bastar?

O escritor Seth Godin cunhou o termo *real skills* (habilidades híbridas).

Trata-se de uma combinação das *hard skills*, relativas aos conhecimentos específicos de sua área, com as *soft skills*, os comportamentos socioemocionais. Nesse conceito, não há uma sem a outra; as duas *skills* devem interagir de forma harmônica e complementar para potencializar benefícios reais.

De acordo com Ricardo Basaglia, diretor-geral da Michael Page, oito habilidades são difíceis de desenvolver, mas trazem resultados fantásticos:

1. Falar em público;
2. Gerenciar o tempo;
3. Ter empatia;
4. Não falar da vida dos outros;
5. Ser honesto consigo mesmo;
6. Parar de reclamar;
7. Viver o presente;
8. Não se incomodar com a opinião alheia.

Então, como começar? Pelo item 5, "Ser honesto consigo mesmo", que engloba o tripé, formado pelo autoconhecimento, passando pela autoestima e culminando na autoconfiança.

É prioritário entender e valorizar quem você realmente é! Seu sobrenome é a sua marca, seu valor, seu potencial. Suas histórias e vivências são pessoais, ímpares e intransferíveis.

Portanto:

Tenha um propósito genuíno.

Construa um *networking* realmente estratégico.

Fortaleça sua marca profissional, seja referência.

E esteja na mente do mercado.

Simples assim. O que complica é a execução.

Vale a pena se inspirar nas palavras de Aristóteles: "É fazendo que se aprende a fazer aquilo que se deve aprender a fazer".

A presença digital adequada impacta diretamente na forma como você é percebido. Utilize o LinkedIn, a maior rede profissional do mundo, virtual e gratuita. É uma incrível ferramenta para se destacar: possibilita disseminar e absorver conhecimentos, interagir de forma orgânica e solidificar a reputação.

- Não se contente apenas em criar um perfil "campeão", isso é básico.

- Vá muito além: torne sua página viva, interessante e diferenciada.

- Seja útil e relevante, contribua para estimular trocas enriquecedoras.

- Reflita em seus conteúdos as tendências positivas do mundo real.

- Estabeleça uma disciplina diária. O processo é gradativo, contínuo e evolutivo, mas também indispensável.

Faça o máximo com o seu cargo.

Faça muito mais com seu sobrenome real.

A partir de agora, vou elencar dicas para aplicação imediata e contínua:

- Seja você mesmo! É importante ser autêntico e coerente com seus valores e ações. Deixe sua personalidade transparecer em suas interações.

- Não atue como um "achista" ou fique atirando em todas as direções, tenha foco e posicionamento. Sua experiência deve trabalhar a seu favor. Sim, o autoconhecimento e a autoestima também são indispensáveis! Pergunto novamente: como você quer ser reconhecimento no mercado? Desenvolva um *pitch* de 20 segundos que consiga traduzir esse seu nicho. Não adianta ser "reclamador" e fazer mais do mesmo em um mundo em que palpiteiros generalistas se multiplicam e é cada vez mais raro encontrar aprendizes constantes e "solucionadores" competentes.

- Participe de grupos, fóruns e eventos. Além de absorver novos conteúdos que possam gerar ideias, você terá a oportunidade de conversar com profissionais da sua área. Mas... não basta estar presente! Você precisa ser notado positivamente, tanto através de uma pergunta construtiva durante o evento, como por meio de um comentário agregador. O "bom dia" ou "boa noite" em uma *live* é uma atitude educada, mas um comentário interessante será muito mais lembrado! Essa postura permite que você seja procurado posteriormente por outros participantes de forma espontânea, mesmo não sendo palestrante.

- E por que não ser palestrante? Na hora que você sobe no palco, passa a ser referência em relação ao público, que está lá para te ouvir como especialista naquele tema. Além disso, esse movimento permite aprofundar a conexão com os organizadores do evento, que certamente são líderes de empresas (e te referendaram: credibilidade!); propicia a divulgação da sua palestra nas redes daquela associação, projetando o seu nome para os seguidores dela; "provoca" que você esteja atualizado, buscando informações e estudos cada vez mais recentes; e, ainda, é uma forma de você aprimorar uma das principais habilidades exigidas pelo mercado: a capacidade de oratória.

- Está com receio de falar em público? O treino exaustivo, aliado ao conteúdo diferenciado e ao *layout* impactante, tornam a apresentação engajadora, agradável e memorável.

- Muita atenção também com a sua vestimenta, ela transmite características extremamente relevantes para a plateia. Não há a roupa certa, há a adequada para aquele ambiente.

- Como participante ou palestrante, esteja aberto para lidar com desconhecidos e demonstre curiosidade e interesse pelo outro. A "escuta ativa" é necessária. Pergunte, elogie, valorize! Adicione no LinkedIn e depois envie mensagem para agradecer a conexão. Faça um *post* com o resumo do evento e marque na publicação os organizadores e profissionais com quem interagiu.

- Sempre que puder, envie notícias, pesquisas ou artigos especializados por *inbox*. Dessa forma, o seu contato perceberá que você está atualizado e, ao mesmo tempo, agregando valor através de conteúdo relevante, além de estabelecer uma constância no relacionamento. Quando sentir que é o momento oportuno, agende um café ou uma *call* para conversar sobre eventuais projetos ou parcerias.

- Paralelamente, comente *posts* do seu contato no LinkedIn por meio de estudos, dicas, exemplos e *cases* inspiradores. O tradicional "parabéns" ou algum *emoji* podem ser rápidos de escrever, mas são ineficientes em termos de fortalecimento da marca profissional. Lembre-se que comentários em uma rede tão poderosa quanto o LinkedIn podem chamar a atenção de outros leitores, que não curtiram, não comentaram e não se pronunciaram, mas visualizaram a publicação e podem ter lido o seu nome e apreciado o seu conteúdo. Faça isso também em grupos segmentados e aproveite para congratular diariamente universariantes e estimular profissionais que estão sendo promovidos ou mudando de emprego. Uma simples, mas acolhedora, mensagem nessas ocasiões pode se tornar inesquecível para quem está em um momento sensível da carreira.

- No LinkedIn, priorize o aprofundamento das relações através do contato sincero e do conteúdo útil e regular. Também esteja atento para a quantidade de vezes em que o seu nome foi citado em *posts* de outros usuários, seja pela sua participação em eventos, seja por algum texto que tenha sido compartilhado. Isso tem efeito multiplicador!

- No WhatsApp, interaja positivamente e seja lembrado por ter ajudado em uma indicação solicitada ou na resolução de algum problema. Quanto maior a segmentação do grupo, maior a chance de você ser recomendado.

- Seja coautor de livros. Além de ser gratificante eternizar seu conteúdo, a participação com outros escritores permite que seu nome seja alavancado diante do seu segmento de atuação e reforça a sua credibilidade perante o mercado.

- Participe ativamente de comunidades da sua área, sendo membro ou diretor. Estar presente nesses espaços é uma maneira de ser visto e lembrado.

- Esteja consciente de que esse é um processo constante e gradativo. Assim como dietas ou exercícios físicos não propiciam resultados imediatos, o *netweaving* é uma caminhada, um hábito que, se inserido genuinamente no nosso dia a dia, possibilitará ganhos pessoais e profissionais incomensuráveis.

"Bora" fazer acontecer agora!

SOBRE O AUTOR

Mauro Wainstock

Eleito LinkedIn TOP VOICE (3 selos), "Um dos RHs mais influentes da América Latina" (RH Summit), "TOP 100 People" (Feedz/TOTVS) e "Líder Inovador em Saúde" (HIHUBTECH).

Colunista da Exame, consultor sobre Turnover e Comunicação Intergeracional, diretor da Associação Brasileira dos Profissionais de Recursos Humanos, membro do Instituto Brasileiro de ESG, além de mentor de executivos, conselheiro e consultor de empresas, professor da ESPM (RJ/SP) e da Exame Corporate Education.

Jurado do "Hackathon International Space Apps Challenge/NASA", parceiro do "Startup World Cup", maior competição de *startups* do mundo; idealizador e realizador do Hacka4All, o primeiro Hackathon sobre diversidade e inclusão do Brasil.

CONTATO: mauro.wainstock@gmail.com

conexao21.oficial

Alberto Blois

www.ti.rio / conexao21.rio / rioinfo.com.br

Foi ali que entendi que, antes de qualquer coisa, antes mesmo de vender uma ideia, um serviço ou um produto, é preciso compreender quem está na sua frente. Cada pessoa tem uma motivação diferente e, quando você presta atenção nisso, a conversa flui, a confiança cresce e as oportunidades aparecem.

Alberto Blois

Empresário, Apresentador do Conexão 21, Presidente do TI Rio, Diretor-geral do Rio Info, Diretor da Riosoft, Conselheiro do Sicoob Empresas e, sobretudo, TRICOLOR de Coração.

CAPÍTULO 13

O VERDADEIRO VALOR DO *NETWORKING*

Como uma rede de relacionamentos forte pode potencializar negócios

Eu sou Tricolor de coração! E, para mim, Tricolor só se escreve com T maiúsculo. Se você não é, não desista de ler este capítulo. Garanto que você não vai se arrepender.

O aniversário de 82 anos do meu pai se aproximava, e eu queria fazer algo especial. Ele é um torcedor apaixonado do Fluminense, daqueles que acompanham cada jogo, mas fazia tempo que não ia ao Maracanã. Decidi, então, juntar netos, filhos e até minha mãe, que não é muito ligada em futebol, e levar a família toda ao estádio. Mas não queria apenas assistir a um jogo. Queria uma experiência que ficasse marcada na memória dele – e na minha também.

Pensei no Maracanã Tour, uma visita guiada pelo estádio, mas aí a família teria que ouvir histórias de outros times e da Seleção Brasileira. E eu queria algo exclusivo. Tinha que ser o dia do Fluminense. Foi então que lembrei de uma pessoa que havia entrevistado para meu programa de TV, responsável pelo Maracanã Tour. Liguei, meio sem graça, e expliquei minha ideia. Ela topou na hora: "Alberto, você está trazendo um bom grupo para o meu negócio. Claro que vou te atender. Vou colocar um guia Tricolor, especialista na história do Fluminense, para acompanhar vocês".

Eu já estava feliz com isso, mas queria algo realmente inesquecível. Então, arrisquei: "Queria te pedir mais uma coisa. Quero colocar todo mundo para bater pênalti no Maracanã".

Chegamos ao estádio e fomos recebidos com um atendimento impecável. Visitamos as arquibancadas, passamos pelo túnel dos jogadores e entramos no vestiário personalizado com as cores e histórias do Fluminense. Todo mundo uniformizado, tirando fotos, mandei fazer caricaturas. Foi uma festa! Mas o momento mais emocionante ainda estava por vir: no gramado do Maracanã, um a um da família foi batendo pênalti. Meu pai, claro, foi a estrela do time. Ele ajeitou a bola, respirou fundo e chutou. Gol! Comemoramos muito! Netos vibrando, filhos aplaudindo, todo mundo gritando. Levantaram meu pai como se ele tivesse feito o gol do título!

Eu faria novamente tudo o que eu fiz nessa vida, nesse caminho que trilhei, só para ter esse contato e poder proporcionar isso ao meu pai e à minha família. Todos que estavam ali certamente vão levar essa lembrança para o resto da vida. Foi um dia perfeito! Esse dia foi a expressão da alegria e da felicidade.

O verdadeiro valor do *networking*

Contei essa história para mostrar que o *networking* vai muito além de fechar negócios. Essa experiência não foi uma conquista empresarial, mas está gravada no meu coração. Não foi apenas um contato que me proporcionou isso. Foi o relacionamento construído ao longo do tempo, a confiança estabelecida e a reputação que criei durante minha trajetória.

É claro que o *networking* tem como principal objetivo a geração de negócios. Mas é importante entender que esses negócios nem sempre acontecem de imediato — na maioria das vezes, não acontecem. Um grupo de *networking* é, antes de tudo, um espaço para construir relacionamentos. Por isso, você precisa se relacionar primeiro, para que as pessoas te conheçam e confiem em você. E mais, não se trata de vender para quem está no grupo, mas de aproveitar o que cada participante pode oferecer: rede de contatos, informações e até aconselhamento empresarial. Grandes empresas contam com um conselho de administração ou consultivo, e você pode ter algo semelhante se souber usar sua rede de forma estratégica. No fim das contas, tudo isso também abre portas para novos negócios.

Neste capítulo, quero mostrar que o *networking* é uma construção. Participar de um grupo de *networking* vai além de trocar contatos e fazer indicações. É sobre gerar valor e construir relações genuínas. Para isso, você precisa entender o ambiente onde está inserido e saber como se comportar.

Para aproveitar o potencial de uma rede, você precisa saber se adaptar ao ambiente

A importância de se adaptar ao ambiente ficou clara para mim antes mesmo de entender sobre negócios ou *networking*. Para ilustrar isso, vou contar uma história que começa no meu tempo de faculdade e vai até os meus primeiros passos como empresário.

Quando entrei na universidade, decidi dar aulas particulares de matemática para ter uma fonte de renda. Mas, na verdade, eu sabia que precisava aprender a me relacionar, e essa seria uma forma de me aproximar das pessoas, já que eu não tinha a menor ideia de como quebrar o gelo com os colegas. Muitos amigos e parceiros que vão ler este livro podem duvidar, mas sempre fui muito tímido. Até hoje, se vou a um evento onde não conheço ninguém, tenho uma dificuldade enorme de me misturar. Isso foi um desafio constante, algo que precisei trabalhar ao longo do tempo.

Tive a sorte de ter como primeiras alunas duas meninas que já iam bem na matéria, mas queriam se preparar para um concurso. O resultado não poderia ter sido melhor: aprovadas! De repente, virei referência em aulas de matemática, e outros alunos começaram a me procurar. Para mim, foi um ótimo exercício de relacionamento, mas essas aulas me trouxeram um aprendizado ainda mais valioso.

Percebi que o grande desafio não era ensinar a matéria, mas entender quem estava do outro lado. Cada aluno aprendia de um jeito, cada um tinha uma forma única de absorver o conteúdo. E eu precisava me adaptar. Aos poucos, fui entendendo que ensinar não era só transmitir conhecimento, mas construir uma relação de confiança. A maior lição? Saber ouvir!

Foi ali que entendi que, antes de qualquer coisa, antes mesmo de vender uma ideia, um serviço ou um produto, é preciso compreender quem está na sua frente. Cada pessoa tem uma motivação diferente e, quando você presta atenção nisso, a conversa flui, a confiança cresce e as oportunidades aparecem. E para realmente ouvir e entender o outro lado, é preciso dedicar tempo de qualidade, com a atenção totalmente voltada para a pessoa com quem você está. Eu sempre digo que, se marco uma reunião de 30 minutos com alguém, esses 30 minutos são inteiramente dessa pessoa. Não fico olhando o celular, checando *e-mails* ou pensando em outras coisas. Minha atenção está 100% ali, porque conexões reais só acontecem quando mostramos, de fato, que estamos ouvindo.

Algum tempo depois, fui estagiário em uma multinacional. Ali aprendi outra lição valiosa: o ambiente influencia diretamente no seu sucesso. Se você quer liderar, precisa entender como cada espaço funciona e como se inserir nele.

Nessa empresa, os estagiários de informática, que era o meu

caso, eram obrigados a usar terno e gravata, mesmo quando a maioria dos funcionários não precisava. No início, achei aquilo uma bobagem sem sentido, até que um dia uma gerente de RH me explicou: "Vocês são novos, e lidam com todas as áreas da empresa, desde o porteiro até a diretoria. A roupa ajuda a passar credibilidade". Foi um daqueles momentos de "ah, agora faz sentido!". Aquilo me fez entender que é preciso saber jogar conforme as regras do ambiente.

Mais tarde, já com a minha própria empresa, me vi diante de outro grande desafio: trabalhar no interior da Bahia, no setor do agronegócio. Agora, imagina a cena: eu, jovem, saindo do Rio de Janeiro, acostumado com tecnologia, precisando me conectar com fazendeiros que tinham uma cultura totalmente diferente da minha.

Foi aí que aqueles aprendizados das aulas particulares e do estágio começaram a fazer mais sentido. Se eu chegasse impondo meu jeito, não ia funcionar. Para ser aceito e construir confiança, eu precisava entender o ambiente e me conectar verdadeiramente com as pessoas. Então, fiz o que aprendi: observei, ouvi, me adaptei. Tive que aprender a falar a língua do setor, entender suas dores e me tornar parte daquele universo. E foi mais uma lição valiosa sobre como se integrar a uma comunidade.

Antes de fechar negócios, abra conversas

Quando eu e meu sócio chegamos à Bahia, investimos em

propaganda e até fizemos anúncios na rádio da cidade, acreditando que assim conseguiríamos atrair mais clientes. Mas, com o tempo, ficou claro que o que realmente fazia a diferença eram as conexões que construíamos. No fim das contas, os contratos não eram fechados por causa da divulgação, mas porque alguém nos recomendava. Foi assim que entendi que, mais do que vender um serviço, eu precisava construir relacionamentos e criar um vínculo de credibilidade e troca.

Assim, as coisas evoluíram e voltamos para o Rio de Janeiro. Os negócios continuavam dependendo bastante do meu relacionamento para acontecer, e isso me incomodava no início. Eu queria que a empresa tivesse sua própria identidade, sua própria voz. Mas logo percebi que o que vendíamos era algo muito customizado, e era natural que as pessoas se sentissem mais seguras para comprar depois de conhecer o Alberto.

Quando essa ficha caiu, entendi que precisava expandir minhas conexões, precisava gerar uma malha de relacionamento. Então, fiz um acordo com um sócio: ele cuidaria da parte técnica e administrativa, enquanto eu mergulharia no mundo externo, no famoso "mundo do cafezinho". Mas isso não era tão fácil para mim. Lembra que sou tímido? Além disso, eu também era um técnico. Mas deixei de ser um programador e passei a me conectar com pessoas. Parece divertido, mas quando vira rotina, exige disciplina e consistência. O fato é que foi uma decisão que impulsionou novos negócios e deu um novo rumo para a empresa.

Agora, é importante frisar que isso não acontece da noite para o dia. Muitas pessoas caem na armadilha de tratar as conexões como transações rápidas e superficiais, focando apenas em vender ou trocar cartões de visita. Isso não é *networking*. Relacionamentos valiosos surgem de interações constantes e da construção de confiança ao longo do tempo. Você não vira melhor amigo de alguém em cinco minutos. Um papo rápido pode levar a uma conversa mais longa, que pode evoluir para um almoço e, eventualmente, para uma parceria real. O segredo é evitar o "jabá" — ninguém quer ouvir um monólogo sobre como sua empresa é incrível. Se o seu conteúdo for bom, se você conseguir gerar valor e souber ouvir, as pessoas naturalmente vão querer saber mais sobre você.

Construindo redes fortes — o papel do líder

Há alguns anos, estou à frente do Rio Info, um dos mais importantes eventos de tecnologia do Rio de Janeiro, com a missão de gerar protagonismo para o Rio no cenário nacional do setor. Cada edição é um desafio enorme, mas sou apaixonado pelo Rio Info e pelo seu propósito.

Na verdade, o Rio Info não é apenas um evento; é uma comunidade. E é essa rede que faz o evento acontecer. Foi assim que conseguimos atravessar fronteiras, chegando a países como Estados Unidos, Espanha, Argentina e Portugal. Viver essa diversidade cultural, encontrar parceiros e, principalmente, fazer amigos nesses países tem sido incrivelmente enriquecedor e gratificante. Isso me trouxe pluralidade, a capacidade de transitar em diferentes culturas e conversar com pessoas de diversos perfis. E essa pluralidade faz toda a diferença em um grupo de *networking*.

Para construir e liderar uma rede de relacionamentos forte, o líder precisa entender que ele está ali para servir o grupo, e não para se servir dele. Ele não deve estar no topo, mas sim no centro, conectando as pessoas e gerando oportunidades para todos. O sucesso de uma rede é o sucesso dos seus membros. Assim como o sucesso de um evento é o sucesso dos seus participantes e parceiros. Se você fizer bem isso e gerar valor para os participantes, naturalmente as pessoas vão querer saber mais sobre você e o que você faz.

Uma coisa que me ajudou muito foi que, quando comecei a liderar o Rio Info, já tinha uma certa experiência como empresário e meu negócio estava consolidado, com uma boa base de clientes. Ou seja, eu não precisava do Rio Info para gerar negócios para minha empresa. Meu foco era fazer o evento acontecer, e os protagonistas sempre foram os patrocinadores, apoiadores, parceiros, palestrantes e visitantes. O evento é feito para que eles aprendam, tenham *insights*, façam novas conexões, fortaleçam relacionamentos e gerem negócios. Meu papel, como líder, é facilitar esse cenário.

Se você pretende construir ou liderar uma rede, comece com um grupo pequeno, com pessoas alinhadas ao seu propósito. Essas pessoas devem ser multiplicadoras, trazendo outros membros para o grupo. E, assim, a rede vai crescendo. Mas você precisa ter consistência. Não basta reunir pessoas uma vez e achar que aquilo já virou uma comunidade. É preciso construir, manter e fortalecer esse espaço dia após dia.

E para que esse espaço permaneça saudável e o relacionamento entre os participantes seja positivo, é fundamental ter regras e diretrizes claras desde o início, e é importante saber comunicar bem essas regras. Mas você não pode simplesmente ditar as normas e pronto. O *feedback* dos membros é o que faz o grupo evoluir. Saber ouvir e se adaptar conforme as necessidades deles é essencial para fortalecer a comunidade. Mais uma vez, não é sobre você, é sobre um propósito.

Por fim, a qualidade é mais importante do que a quantidade. Como líder, você deve pensar no perfil das pessoas que vão construir essa rede. Antes de receber alguém no meu grupo, eu converso antes, procuro saber seus desafios e objetivos, e, principalmente, conhecer a pessoa por trás do negócio e entender se ela se encaixa no propósito do grupo. É assim que se constrói uma comunidade forte.

A lei mais implacável de todas

Eu acredito na lei do bem — se você faz o bem, você recebe o bem. Isso não é ciência, nem mesmo um estudo. É minha percepção e algo em que acredito. É como a lei da semeadura: você colhe o que você planta.

Seja como líder ou participante, o segredo é entender que o

verdadeiro valor do *networking* está nas conexões humanas. Quando você aprende a se relacionar de forma genuína, portas se abrem, negócios surgem e, acima de tudo, você se torna parte de algo maior do que você mesmo.

Boas conexões!

SOBRE O AUTOR

Empresário, professor universitário e atuante no movimento empresarial. Presidente do TI Rio, sindicato das empresas de informática do Rio de Janeiro, que tem como objetivo o desenvolvimento empresarial, tecnológico e social do estado. Ocupa a direção geral do Rio Info, principal evento de Tecnologia & Negócios do Brasil, e é conselheiro do Sicoob Empresas. Como diretor da Riosoft, criou o programa de mentoria para orientar empresas em suas demandas tecnológicas, além da Aceleradora do Atlântico, iniciativa voltada à internacionalização e globalização de empresas de pequeno e médio porte, envolvendo Portugal, Estados Unidos, Argentina, Canadá e Uruguai. Como empresário e empreendedor, teve iniciativas em diversos setores, como tecnologia, turismo, treinamento e gastronomia.

sergiomontes.oficial

coachsergiomontes

www.sergiomontes.com.br

No contexto do networking, a PNL atua como uma ferramenta poderosa para aprimorar a comunicação, desenvolver empatia, construir rapport *e influenciar positivamente aqueles com quem interagimos.*

Sérgio Montes

Especialista em Desenvolvimento de Competências das *Soft Skills*, *Founder* do Instituto DNA, Gestor de Desempenho.

CAPÍTULO 14

DESENVOLVENDO AS HABILIDADES E COMPETÊNCIAS DE *NETWORKING* COM A PNL

Networking é muito mais do que trocar contatos. É sobre criar e manter relações autênticas e significativas que podem transformar carreiras, impulsionar negócios e abrir portas para oportunidades inesperadas. Mas como construir essas conexões de forma eficaz? Como garantir que essas interações sejam mais do que apenas transações superficiais? A resposta pode estar na Programação Neurolinguística (PNL).

A PNL é um campo de estudo que analisa a forma como pensamos, nos comunicamos e nos comportamos. Ela nos ajuda a entender como criamos nossos modelos mentais e como podemos ajustá-los para melhorar nossa interação com o mundo. No contexto do *networking*, a PNL atua como uma ferramenta poderosa para aprimorar a comunicação, desenvolver empatia, construir *rapport* e influenciar positivamente aqueles com quem interagimos.

Esse alinhamento de percepções é essencial. John Grinder, cocriador da PNL, destaca: "A pessoa com mais flexibilidade de comportamento terá controle sobre o sistema". Quando conseguimos enxergar o mundo pelos olhos do outro, ampliamos as chances de criar vínculos sólidos, baseados em empatia e confiança. A PNL nos oferece ferramentas para fortalecer essa conexão, ajustando a linguagem e as ações, de modo que a mensagem seja recebida de forma positiva, facilitando a construção de redes de contato poderosas e eficazes.

Ao longo deste livro, diferentes especialistas apresentaram abordagens valiosas sobre *networking*. Meu objetivo aqui é mostrar como a PNL pode potencializar cada uma dessas estratégias, tornando-as ainda mais eficazes.

Este capítulo será um convite para você enxergar o *networking* com um novo olhar. Mais do que uma ferramenta, ele pode ser um processo estruturado, apoiado por técnicas da PNL que facilitam a construção de conexões autênticas e bem-sucedidas. Então, se você quer aprender como transformar suas interações em oportunidades reais e cultivar relações que realmente fazem a diferença, siga comigo nesta jornada. Vamos explorar juntos como a PNL pode ser a chave para um *networking* mais estratégico, humanizado e impactante.

A importância do *networking* para o empreendedor

O *networking* é uma habilidade essencial para qualquer empreendedor que deseja crescer, expandir seus horizontes e alcançar o sucesso. Richard Bandler, cofundador da Programação Neurolinguística (PNL), afirmou: "A maneira como você se comunica consigo mesmo e com os outros determina a qualidade da sua vida". Essa frase reflete o impacto fundamental da comunicação e das conexões que um empreendedor estabelece em sua jornada.

Quando um empreendedor é capaz de aplicar os princípios da PNL no desenvolvimento de sua rede de contatos, ele começa a perceber as conexões de forma mais estratégica. Por exemplo, ao adotar a técnica de *rapport*, que se refere à criação de uma conexão de empatia com os outros, o empreendedor consegue alinhar sua comunicação com o modelo de mundo do interlocutor, estabelecendo uma base sólida para futuras colaborações. Esse alinhamento não só melhora a qualidade das interações, mas também abre portas para parcerias que impulsionam o crescimento do negócio.

Um exemplo prático pode ser visto em João, um empreendedor

no ramo de tecnologia, que usou o *rapport* para estreitar relações com investidores. Ele começou a estudar não apenas o conteúdo técnico que eles dominavam, mas também as suas crenças e valores. Ao alinhar sua comunicação com essas crenças, ele foi capaz de criar uma conexão genuína, resultando não apenas em uma relação profissional, mas também em uma parceria estratégica de longo prazo.

Networking como estratégia de negócios

A ideia de usar o *networking* como uma estratégia de negócios eficaz está profundamente relacionada à percepção de como as interações podem ser moldadas para gerar resultados tangíveis. De acordo com Tony Robbins, um dos maiores gurus do desenvolvimento pessoal: "O sucesso em qualquer área da vida não vem de um momento, mas de um conjunto de estratégias aplicadas de maneira consistente". O *networking* não é apenas uma questão de ter uma lista de contatos; é sobre ter contatos estratégicos que podem impulsionar os negócios de forma significativa.

A PNL, ao fornecer ferramentas para compreender as motivações e comportamentos humanos, ajuda a transformar o *networking* em uma poderosa estratégia de negócios. Usando a técnica de ancoragem, por exemplo, podemos associar estados emocionais positivos a momentos-chave de uma reunião, o que ajuda a gerar confiança instantânea com potenciais parceiros e clientes.

Imagine um gestor de vendas que, ao apresentar uma proposta a um cliente, utiliza uma técnica de ancoragem, como um gesto ou palavra específica associada a um momento de sucesso anterior. Isso ajuda o cliente a sentir-se mais à vontade e confiante, facilitando a conversão de *leads* em vendas reais. Ao aplicar a PNL, o profissional não apenas vende um produto, mas estabelece uma relação emocional com o cliente, tornando-se uma referência dentro do seu setor.

Networking relacional versus *networking* transacional e a importância da intencionalidade

Muitas pessoas abordam o *networking* de uma forma transacional, como uma troca direta de favores ou informações, focando apenas no curto prazo e nas necessidades imediatas. No entanto, como Robert Dilts, um dos maiores nomes da PNL, afirma: "As crenças formam o mapa pelo qual as pessoas navegam na realidade". Quando entendemos que as crenças dos outros moldam sua percepção do que é importante e valioso, somos capazes de transformar nosso *networking* de transacional para relacional.

Um *networking* relacional, diferentemente do transacional, foca no longo prazo e no valor mútuo das conexões. Ele exige intencionalidade, pois é preciso estar disposto a construir relações genuínas e duradouras, que vão além de uma simples troca. Quando você usa a PNL para entender o modelo de mundo do outro, pode ajustar sua comunicação para atender às suas necessidades e expectativas, criando laços mais profundos e sustentáveis.

Maria, uma consultora de marketing *digital, descobriu, por meio da técnica de comunicação congruente da PNL, que precisava priorizar a qualidade dos relacionamentos, e não apenas o número de contatos. Ao mudar seu foco, ela começou a buscar parcerias com empresas que compartilhavam seus valores e visão, resultando em colaborações mais eficazes e menos desgaste.*

Networking com propósito: a chave para conexões de alto valor

Quando falamos de conexões de alto valor, é fundamental que o *networking* seja feito com um propósito claro. A PNL facilita esse processo ao nos ajudar a identificar o que realmente é importante para cada pessoa em nossa rede. Joseph O'Connor, um dos principais autores sobre PNL, afirma que: "A mente inconsciente é a chave para melhorar nossa comunicação, uma vez que ela nos permite alinhar intenções e objetivos de maneira profunda". Ao usar a PNL, podemos alinhar nosso propósito com o dos outros, criando conexões de verdadeiro valor.

No *networking* com propósito, não estamos apenas buscando gerar valor para nós mesmos, mas também oferecendo algo significativo para as pessoas ao nosso redor. É o que chamamos de "*win-win*" (ganha-ganha), onde todas as partes se beneficiam de forma genuína. Um executivo que recentemente participou de uma sessão de *coaching* com PNL percebeu que seu objetivo não era apenas vender, mas fazer uma diferença real na vida dos outros. Isso o levou a reestruturar sua abordagem de *networking*, transformando suas conexões em parcerias de longo prazo focadas em impacto social positivo e inovação.

O propósito no *networking* também está relacionado ao alinhamento de valores. Quando você está em sintonia com o propósito das outras pessoas, as conexões tornam-se mais naturais e as colaborações mais frutíferas. Esse alinhamento de valores é o que diferencia um simples contato de uma relação verdadeira e significativa.

Empreendedoras em rede: o papel do *networking* no empreendedorismo feminino

O *networking* no empreendedorismo feminino possui características e desafios específicos que podem ser superados com o uso de ferramentas da PNL. Mulheres empreendedoras enfrentam uma série de obstáculos, desde barreiras emocionais até desafios sociais, e a PNL pode ser uma aliada poderosa na construção de uma rede de apoio sólida e estratégica. De acordo com O'Connor: "A chave para a transformação está na capacidade de modificar nossa percepção e nossa comunicação interna".

Júlia, uma jovem empreendedora, é um ótimo exemplo de como a PNL pode ser útil nesse contexto. Ela, após trabalhar com um mentor especializado em PNL, aprendeu a superar a síndrome do impostor, um obstáculo comum entre mulheres empreendedoras. A técnica de ressignificação permitiu que ela transformasse seus medos e inseguranças em uma fonte de confiança, e isso teve um impacto direto no seu networking.

Ao aprender a valorizar suas próprias conquistas e desenvolver uma mentalidade mais positiva e focada em crescimento, Júlia passou a construir uma rede de apoio mais forte com outras mulheres empreendedoras. Ela aprendeu que o verdadeiro *networking* não é apenas sobre fazer contatos, mas sobre criar um ambiente de confiança e empatia, onde todos se ajudam mutuamente a crescer.

Como fortalecer sua rede de contatos em uma era de relações frágeis

Vivemos em um momento em que as relações estão mais fragmentadas e muitas vezes baseadas em interações superficiais. Richard Bandler sugere que: "Nossas experiências e crenças definem o que percebemos como real". No contexto do *networking*, isso significa que a forma como percebemos nossas relações pode influenciar diretamente a qualidade delas. A PNL ajuda a fortalecer esses laços, tornando-os mais sólidos e resilientes frente aos desafios do mundo atual.

Ao usar técnicas de escuta ativa e *rapport*, é possível criar um vínculo mais profundo e duradouro com as pessoas, mesmo em um ambiente onde as conexões podem parecer frágeis.

João, um executivo que participou de um programa de coaching *com PNL, aplicou esses princípios ao fortalecer suas relações com colegas de trabalho. Ele aprendeu a escutar de forma mais empática e a perceber os sinais não verbais dos outros, o que resultou em um aumento significativo na confiança e colaboração dentro de sua equipe.*

Networking no terceiro setor

No terceiro setor, onde a confiança é um dos ativos mais valiosos, construir uma rede de contatos sólida depende diretamente da credibilidade pessoal e institucional. Segundo Tony Robbins, "a sua marca é a sua promessa ao mundo. Como você é percebido determina como os outros interagem com você". Isso vale especialmente para líderes e profissionais engajados em causas sociais, que precisam transmitir coerência entre discurso e prática.

Nesse contexto, a PNL oferece recursos essenciais para alinhar comunicação, propósito e valores de forma coerente e impactante. Utilizando técnicas de ancoragem e reprogramação mental, você pode alinhar sua marca pessoal com seus valores internos, criando uma identidade forte e coerente.

Marcio, líder de uma organização social, foi capaz de redefinir sua marca pessoal ao integrar os princípios da PNL, tornando-se mais transparente, acessível e confiável. Como resultado, ele criou conexões mais significativas e duradouras, que o ajudaram a abrir portas para novos projetos.

Networking como ferramenta de desenvolvimento pessoal e profissional

O *networking* vai muito além de um simples jogo de "troca de cartões". É, na verdade, uma poderosa ferramenta de desenvolvimento pessoal e profissional, que pode ser potencializada ainda mais com as técnicas da Programação Neurolinguística (PNL). Para entender como isso funciona, é fundamental explorar o impacto que a comunicação, as crenças e os valores têm nas nossas interações.

A PNL nos ensina a observar os padrões de comportamento das pessoas ao nosso redor e como isso pode ser usado a nosso favor. Ao desenvolver uma escuta ativa, capaz de identificar os modelos de mundo dos outros, você passa a criar uma comunicação mais eficiente e empática. Em vez de ver o *networking* como uma simples troca, a PNL transforma essa prática em um processo de desenvolvimento contínuo, onde cada interação é uma oportunidade de aprendizado e crescimento.

Além disso, a PNL permite o desenvolvimento de habilidades emocionais que são fundamentais para o *networking*. A autoconfiança, a empatia e o controle emocional, por exemplo, são competências que podem ser treinadas e aprimoradas. Ao usar as ferramentas da PNL, como a reformulação e a ressignificação, você não só amplia sua rede de contatos, mas também aprimora sua capacidade de se conectar genuinamente com os outros.

Maria, uma gerente de projetos, usou a técnica de ancoragem da PNL para enfrentar o nervosismo antes de uma importante apresentação a investidores. Ela criou uma âncora física associada a um estado de calma e confiança, que a ajudou a se manter focada e transmitir segurança durante a reunião. Como resultado, ela conseguiu firmar parcerias estratégicas para seu projeto, ampliando sua rede de contatos de forma significativa.

Estratégias para *networking* em eventos profissionais

Participar de eventos profissionais pode ser uma das formas mais eficazes de expandir sua rede de contatos, mas, para isso, é necessário mais do que simplesmente trocar cartões de visita. A Programação Neurolinguística oferece ferramentas valiosas para maximizar o impacto dessas interações, transformando encontros casuais em oportunidades estratégicas de *networking*.

A primeira técnica a ser destacada aqui é o ***rapport***, um conceito essencial na PNL, que envolve criar uma conexão instantânea com outra pessoa. Em eventos profissionais, onde o tempo para se conectar é limitado, ser capaz de estabelecer um *rapport* eficaz pode fazer toda a diferença. Isso pode ser feito por meio da comunicação não verbal, como o espelhamento de posturas ou o uso de uma linguagem corporal que seja mais receptiva.

Outra ferramenta poderosa é a leitura dos sinais não verbais, que permite entender as emoções e intenções do outro de maneira mais clara. Quando você é capaz de ler e responder adequadamente aos sinais corporais de uma pessoa, cria um ambiente de confiança e empatia, facilitando a construção de um vínculo genuíno.

Além disso, a técnica de **âncoras positivas** pode ser usada antes de entrar em um evento. Ao associar um estado mental positivo a um gesto ou palavra específica, você pode ativar essa âncora em momentos de nervosismo, garantindo que sua presença seja marcante e confiante. A PNL, portanto, transforma eventos em verdadeiros campos de oportunidades de *networking*.

Luiz, um empresário, utilizou a técnica de rapport *da PNL antes de uma importante reunião para aprovação de um projeto de treinamento. Ao se deparar com uma situação emocional inusitada que tirou a atenção do cliente para a apresentação, dispersando a conversa, ele espelhou o comportamento do Diretor, até conseguir se conectar outra vez com ele. Isso durou aproximadamente 6 minutos e, quando aconteceu a conexão, a apresentação fluiu novamente com toda atenção do cliente, que aprovou o projeto na hora.*

Como qualificar a sua rede de contatos: acessando o próximo nível

Qualificar sua rede de contatos é um passo fundamental para quem deseja transformar suas conexões em relações de alto valor. A PNL, com sua abordagem focada em comunicação e alinhamento de objetivos, pode ser um grande facilitador nesse processo.

A primeira técnica a ser abordada é a **visualização criativa**, que é uma ferramenta poderosa na PNL. Ao visualizar claramente o perfil de contatos que você deseja em sua rede, você começa a atrair as pessoas certas. A PNL acredita que nossos pensamentos e crenças moldam nossa realidade, e, ao visualizar o tipo de conexão que você quer ter, você se torna mais propenso a criar essa realidade.

Além disso, a **reflexão sobre os valores e objetivos** é fundamental. A PNL ensina que para fazer um bom *networking*, você precisa entender o que realmente valoriza nas suas conexões. É importante criar uma rede alinhada aos seus objetivos profissionais e pessoais. Isso não significa excluir outras pessoas, mas priorizar aqueles que têm um impacto positivo em sua vida e nos seus projetos.

Ao utilizar essas técnicas, você estará acessando o próximo nível de *networking*, onde as conexões não são apenas valiosas em termos de contatos, mas em termos de alinhamento estratégico com seus objetivos.

Renata, uma profissional de marketing*, utilizou a visualização criativa para definir os tipos de pessoas e empresas que gostaria de ter em sua rede. Ao longo do tempo, ela foi atraindo esses perfis específicos, transformando sua rede em uma verdadeira plataforma de apoio para o seu crescimento profissional.*

Como criar uma marca pessoal autêntica e estabelecer conexões significativas

A marca pessoal é o reflexo de quem você é e como você se apresenta ao mundo. No contexto do *networking*, sua marca pessoal é fundamental para estabelecer conexões significativas e duradouras. A PNL tem um papel crucial nesse processo, pois nos ajuda a entender e a ajustar nossa comunicação de forma que ela esteja alinhada com nossos valores e objetivos.

Uma das técnicas mais poderosas da PNL para a construção da marca pessoal é a **gestão da linguagem e das crenças limitantes**. Ao trabalhar nossas crenças sobre nós mesmos, podemos transformar limitações em pontos fortes. A PNL nos permite identificar padrões de pensamento que nos impedem de nos expressar de maneira autêntica e, com isso, nos ajuda a construir uma marca mais verdadeira e alinhada com nossos objetivos.

Além disso, a **coerência entre o que falamos e como agimos** é outro ponto-chave. A PNL nos ensina a ajustar nossa comunicação de forma que ela seja congruente com nossos valores, criando uma imagem de autenticidade que atrai pessoas que compartilham dos mesmos princípios e objetivos.

Jorge, um executivo de vendas, utilizou a PNL para trabalhar sua autoconfiança e alinhar sua comunicação com sua verdadeira essência. Ele passou a ser mais autêntico em suas interações, o que gerou mais respeito e confiança entre seus colegas e clientes, ajudando a criar uma marca pessoal forte e influente.

Como construir reputação para influenciar sua rede de contatos

Construir uma reputação sólida é um dos pilares para se tornar uma referência no seu campo de atuação. A PNL, ao focar no comportamento e na comunicação, oferece as ferramentas necessárias para criar uma reputação que não só seja positiva, mas também influente. Uma boa reputação permite que você se conecte com as pessoas de maneira mais eficaz, transformando suas interações em alianças estratégicas.

A **comunicação assertiva** é uma das principais ferramentas da PNL para a construção de uma reputação forte. Ao aprender a se comunicar de forma clara, direta e respeitosa, você transmite confiança e profissionalismo, elementos essenciais para criar uma imagem sólida.

Além disso, a **gestão de *feedbacks*** também desempenha um papel importante. A PNL nos ensina a receber e oferecer *feedback* de forma construtiva, o que ajuda a melhorar continuamente a forma como nos comunicamos e interagimos com os outros. A construção de uma boa reputação é um processo contínuo de refinamento e alinhamento.

Patrícia, uma consultora de negócios, usou as técnicas de feedback da PNL para aprimorar sua comunicação com seus clientes. Ao solicitar e aplicar feedback *regularmente, ela conseguiu melhorar sua abordagem, tornando-se uma referência no seu setor e ampliando sua rede de contatos.*

O verdadeiro valor do *networking*: como uma rede de relacionamentos forte pode potencializar negócios

No final, o verdadeiro valor do *networking* não está em quantas pessoas você conhece, mas na qualidade das conexões que você estabelece. A PNL, com seu foco em comunicação eficaz e alinhamento de objetivos, transforma as interações cotidianas em verdadeiras oportunidades de crescimento e sucesso.

O *networking*, quando realizado de forma estratégica e com propósito, cria uma rede de apoio que pode transformar sua carreira, seus negócios e sua vida pessoal. A PNL nos ensina a focar no que é importante em cada relação, ajudando a estabelecer conexões significativas e, mais importante, duradouras.

Quando você aplica a PNL no seu *networking*, começa a perceber que cada conexão tem o potencial de gerar novas oportunidades. Por meio da flexibilidade comportamental, você passa a se conectar com diferentes tipos de pessoas, criando uma rede mais diversificada e influente.

André, um empresário no setor de tecnologia, começou a aplicar as ferramentas de PNL para fortalecer suas relações com parceiros e clientes. Ele passou a focar em conexões genuínas, alinhando-se aos valores e objetivos das pessoas ao seu redor, o que resultou em uma rede sólida de aliados que ajudaram a expandir seu negócio.

Conectando os pontos e alcançando o sucesso

Ao longo deste capítulo, exploramos o impacto profundo que o *networking*, quando aliado à Programação Neurolinguística (PNL), pode ter na vida de um empreendedor, um líder ou qualquer pessoa em busca de transformar sua rede de relacionamentos em uma poderosa estratégia de crescimento.

Como vimos, o *networking* não é apenas sobre quem você conhece, mas sobre como você se conecta com as pessoas, como comunica sua essência, e como cria relações que são mutuamente benéficas. A chave para um *networking* eficaz está em entender o valor do outro e construir uma base sólida de confiança, colaboração e empatia. Quando você aplica a PNL nesse processo, você começa a ver o mundo das conexões de uma maneira mais estratégica, utilizando as ferramentas da mente humana para criar laços duradouros e impactantes.

A PNL permite que você compreenda e se conecte mais profundamente com os modelos de mundo dos outros, facilitando a criação de *rapport* e o estabelecimento de uma comunicação mais eficiente e verdadeira. Além disso, técnicas como ancoragem e ressignificação ajudam a fortalecer essas relações, fazendo com que você seja lembrado não apenas pela troca de favores, mas pelo valor genuíno que agrega aos outros.

Em um mundo cada vez mais interconectado, o valor de um *networking* relacional, feito com propósito e intenções claras, nunca foi tão crucial. Mas lembre-se: **"O sucesso não é apenas o que você alcança, mas o impacto positivo que você tem na vida das pessoas ao seu redor"**. E, com a PNL, você pode potencializar esse impacto de maneiras que você nunca imaginou. Continue a expandir sua rede, a melhorar sua comunicação e a aplicar as poderosas ferramentas da PNL para criar um futuro repleto de oportunidades, sucesso e conexões significativas.

"Você não constrói uma rede, você cultiva relacionamentos. E, como toda planta, eles precisam ser regados com atenção, autenticidade e propósito."

O uso da PNL no *networking* vai muito além de técnicas. Trata-se de desenvolver uma habilidade real de conexão humana, de entender o outro, de criar pontes que nos levam ao sucesso mútuo. A PNL transforma encontros casuais em oportunidades reais de crescimento, para ambas as partes.

SOBRE O AUTOR

Sérgio Montes

Master Trainer em Programação Neurolinguística (PNL), *Master Coach*, especialista em Neurociência, Comunicação Não Violenta (CNV), Psicologia Positiva e especialista em Análise de Perfil Comportamental DISC, com mais de 35 anos de experiência no desenvolvimento de habilidades emocionais e das *Soft Skills*. CEO e *Head Trainer* do Instituto DNA Desenvolvimento Humano e Empresarial, atua na formação de líderes e na criação de programas voltados ao autoconhecimento, à alta *performance* e à transformação pessoal e profissional.

Referências Bibliográficas

BANDLER, R.; GRINDER, J. **A estrutura da magia**. 3. ed. Rio de Janeiro: Editora Imago, 1975.

DILTS, R. **Changing belief systems with NLP**. Cupertino: Meta Publications, 1990.

O'CONNOR, J.; SEYMOUR, J. **Introdução à programação neurolinguística**. 2. ed. São Paulo: Summus, 1995.

ROBBINS, A. **Poder sem limites**. 1. ed. Rio de Janeiro: Editora Best Seller, 2007.

CONSIDERAÇÕES FINAIS

Se você chegou até aqui, é porque acredita no poder das conexões. Nosso desejo, como editor e autores desta obra, é que este livro tenha ampliado sua visão sobre o *networking* e, de alguma maneira, tenha mostrado o valor de se conectar com pessoas de forma mais intencional, mais estratégica e mais humana.

Se, em algum momento da leitura, uma ideia, uma dica, uma história ou até mesmo uma simples frase gerou um *insight* — seja para mudar algo, seja para aprimorar o que você já faz —, já teremos cumprido nossa missão. A partir daqui, o que realmente faz diferença é transformar o conhecimento em ação: planejar melhor suas atividades de *networking*, se preparar com mais intenção para os eventos, enviar aquela mensagem que ficou para depois, retomar aquele contato esquecido, marcar aquele café importante ou simplesmente ouvir com mais atenção quem está por perto.

Networking não é apenas uma habilidade ou uma técnica para momentos específicos. *Networking* é uma postura diante da vida. É sobre estar presente, ser útil e se importar com quem está ao seu redor. Quando você faz isso com verdade e constância, os resultados, profissionais e pessoais, surgem como consequência natural.

Fica aqui o convite: não espere a ocasião perfeita. Escolha agir. Comece hoje a construir relações mais significativas — relações que inspirem, que fortaleçam a sua jornada e que gerem resultados extraordinários.

A próxima grande oportunidade da sua vida pode nascer de uma conexão que você ainda não fez ou de uma que você não cuida bem.

"As pessoas mais ricas do mundo constroem redes; os outros apenas procuram emprego." — Robert Kiyosaki